REIHE ZEITGUT

zum Kennenlernen

Kinder des Jahrhunderts

Fesselnde Geschichten des Alltags
aus mehr als 1000 Erinnerungen
1914–1960

REIHE ZEITGUT

zum Kennenlernen

Kinder des Jahrhunderts

Fesselnde Geschichten des Alltags aus mehr als 1000 Erinnerungen 1914–1960

Herausgegeben von Jürgen Kleindienst

Zeitgut Verlag

Umschlagbilder oben: 12 Portraitaufnahmen von Zeitgut-Verfassern und Zeitzeugen (von oben links nach unten rechts): Ursula Sonnemann, Monica Arcucci, Werner Zurmöhle, Joachim Grabbe, unbekanntes Mädchen, Karl Radtke, Dieter Biedekarken, Gisela Seifert, Richard Nettersheim, Luise Lembke, Heinrich Polthier, Dorothea F. Voigtländer.
Fotos: Zeitgut-Archiv.
Umschlagbild unten: Hans am Detektorradio im elterlichen Wochenendhaus in der Lüneburger Heide Anfang der dreißiger Jahre.
Foto: Familienalbum Hans E. Friedrich, Westergellersen, Niedersachsen.

Die im Buch veröffentlichten Abbildungen und Dokumente stammen aus dem Privatbesitz der Verfasserinnen und Verfasser sowie aus der am Bild genannten Quelle. S. 37 Telefunken/Stiftung Deutsches Rundfunkarchiv Frankfurt/Main.

Bibliografische Information Der Deutschen Bibliothek
Die Deutsche Bibliothek verzeichnet diese Publikation in der Deutschen Nationalbibliografie; detaillierte bibliografische Daten sind im Internet über http://dnb.ddb.de abrufbar.

Reihe ZEITGUT. Auswahl 1914– 1960 zum Kennenlernen
Zeitgut Verlag GmbH
Klausenpaß 14, 12107 Berlin
Telefon 030 - 70 20 93 0, Telefax 030 - 70 20 93 22
eMail: info@zeitgut.com
www.zeitgut.com
Herausgeber: Jürgen Kleindienst
Gesamtredaktion, Textauswahl und Zusammenstellung: Ingrid Hantke
Umschlaggestaltung: Maria Herrlich, Berlin
Druck: Ebner & Spiegel, Ulm
Printed in Germany
ISBN 3-933336-68-6

Inhalt

Warum es bei Zeitgut spannend wird

Mit den Texten der Reihe Zeitgut haben wir wahrscheinlich zum letzten Mal die Möglichkeit, die Zeit unserer Eltern und Großeltern aus deren persönlicher Sicht kennen und verstehen zu lernen. Mit kleinen Geschichten, mit launig erzählten Episoden, mit schonungslos brutalen Bildern und mit nüchternen Berichten wird die Vergangenheit lebendig und die eigene Herkunft begreifbar. Die Vielfalt der Quellen, aus denen die Erinnerungen stammen, spiegeln die gesellschaftliche Bandbreite der damaligen Zeit wieder. So entsteht eine Geschichtsschreibung, in der ganz konkret die Auswirkungen der großen Politik auf das Schicksal des Einzelnen sichtbar wird.

Bei Zeitgut geht es nicht um das Auffüllen historischer oder thematischer Leerstellen in der deutschen Literatur. Hier wird Geschichte von unten geschrieben.

Oft haben wir unsere Zeitzeugen gefragt, wie einfach oder wie schwierig eigentlich das Erinnern ist. Dem einen ist es Therapie, traumatische Erlebnisse zu verarbeiten, die andere will erzählen, um unheilvolle Wiederholungen zu verhindern. Dankbarkeit schwingt zuweilen mit und der Wunsch, den Eltern oder Großeltern ein kleines Denkmal zu setzen. Allen gemeinsam aber ist, daß sie glücklich sind, sich überhaupt erinnern *zu können*.

Viele Schilderungen sind durch historische Tatsachen ergänzt und von später Gehörtem beeinflußt. Die Verfasser sind sich dessen nicht immer bewußt. Das sollte beim Lesen bedacht werden. Wo uns die Aufzeichnungen zu ungenau erschienen, haben wir die Zeitzeugen durch gezielte Fragen angeregt, sich an Details zu erinnern oder Orte, Jahreszahlen und Namen zu ermitteln. Manche Präzisierung ist also das Ergebnis von bewußter Vergangenheitsrecherche. Den Wert der Erinnerung mindert das nicht, doch wir können das Bild, das uns gezeichnet wird, nun besser einordnen.

Auffällig genau haben sich bei den meisten die Schreckensbilder des Zweiten Weltkrieges eingegraben. Frösteln machen solche Schilderungen besonders, weil die Zeugen oder die Opfer damals Kinder und Jugendliche waren. Dabei ist Kindheit für die meisten Menschen die Lebensphase des Spiels, der Phantasie, der Muse und der kleinen Freiheiten, die später oft Stück für Stück verlorengehen. Aber auch in schwersten Zeiten spielen Kinder. Mit zunehmendem Alter verklärt sich deshalb der Blick auf die eigene Kindheit – und nicht, weil die Zeiten etwa besser gewesen wären.

„Erzähl doch mal, wie's früher war" – leider immer seltener findet der persönliche Austausch zwischen den Generationen statt. Zudem wird uns nach dem Ende des 20. Jahrhunderts bewußt, wieviele prägende Ereignisse sich allein aus biologischen Gründen bereits der persönlichen Erinnerung entziehen und zur reinen Sache der Historiker werden.

Jetzt gilt es also, die Spuren eines dramatisches Jahrhunderts zu sichern. Bereits seit 1997 sammeln und sichten wir die Aufzeichnungen von Menschen wie Du und ich. Dabei bevorzugen wir die episodenhaften, lebendigen Erinnerungen aus dem Alltag mit zeitgeschichtlichem Bezug. Da wir die Texte bei Bedarf lektorieren, können sich auch schriftstellerische Laien beteiligen. Besonders deren Erinnerungen würden sonst dauerhaft verlorengehen.

Zeitgut beweist, daß Geschichte kein trockener Schulstoff sein muß. Die Bücher sind ein Stück „oral history" im besten Sinne und sprechen damit ein breites Lesepublikum an: diejenigen, die die Zeiten miterlebt haben, sowie deren Kinder und Enkel, die mehr erfahren wollen, als in den Schulbüchern steht.

Idee und Konzept der Reihe Zeitgut sind in ihrer Art einzigartig: Fotos und Dokumente, meist aus dem Besitz der Zeitzeugen, ergänzen die Texte. Mit Hilfe eines Ortsregisters und einer chronologischen Übersicht der wichtigen Ereignisse der jeweiligen Zeit kann sich der Leser geographisch und zeitlich orientieren. Jeder Band hat 320 bis 400 Seiten Umfang und stellt in 35 bis 45 lebendigen Erinnerungen einen markanten Abschnitt deutscher Geschichte vor.

Viele Lehrer setzen inzwischen die Reihe Zeitgut ein, um ihren Schülern Geschichte lebendig zu vermitteln. Buchhändler und Bibliothekare empfehlen Zeitgut als Geschenk für Kinder und Jugendliche ab zwölf bis 13 Jahre.

Bisher sind 19 Sammelbände mit mehr als 6.500 Druckseiten erschienen. Wir arbeiten daran, das gesamte 20. Jahrhundert in Zeitzeugen-Erinnerungen darzustellen. Mehr als 5000 Texte konnten bisher gesichtet und teilweise aufgearbeitet werden. Zur Vervollständigung und zur thematischen wie auch regionalen Vertiefung suchen wir weitere episodenhafte Erinnerungen.

Sind wir nicht alle Kinder des 20. Jahrhunderts? Ob jung oder alt, ob Frau oder Mann, ein jeder von uns hat hier seine Wurzeln. Geben Sie mir jetzt Ihre Hand und kommen Sie mit zu einer Wanderung durch unsere Vergangenheit. Erleben Sie ein Stück Ihrer eigenen Geschichte und entdecken Sie das Leben Ihrer Eltern und Großeltern ganz neu.

Ihr Jürgen Kleindienst
Berlin im Mai 2004

Reihe ZEITGUT
gegliedert nach markanten Abschnitten des 20. Jahrhunderts

1914–1933
Band 3 Stöckchen-Hiebe, 52 Kindheitserinnerungen
Band 15 Zwischen Kaiser und Hitler, 47 Kindheitserinnerungen

1933–1939
Band 4 Pimpfe, Mädels & andere Kinder, 55 Kindheitserinnerungen
Band 13 Heil Hitler, Herr Lehrer! 50 Kindheitserinnerungen
Band 16 Getäuscht und verraten, 38 Jugenderinnerungen

1939–1945
Band 1 Gebrannte Kinder, 61 Kindheitserinnerungen
Band 7 Gebrannte Kinder. Zweiter Teil, 36 Kindheitserinnerungen
Band 5 Wir wollten leben, 40 Jugenderinnerungen
Band 12 Wir sollten Helden sein, 38 Jugenderinnerungen
Band 9 Täglich Krieg, 41 Erinnerungen damals Erwachsener

1945–1950
Band 2 Nachkriegs-Kinder, 67 Kindheitserinnerungen
Band 14 Lebertran und Chewing Gum, 55 Kindheitserinnerungen
Band 10 Hungern und hoffen, 48 Jugenderinnerungen
Band 8 Und weiter geht es doch, 45 Erinnerungen Erwachsener

1950–1960
Band 6 Schlüssel-Kinder, 46 Kindheitserinnerungen
Band 17 Halbstark und tüchtig, 48 Jugenderinnerungen
Band 18 Deutschland–Wunderland, 44 Erinnerungen Erwachsener

Deutsch-deutsche Grenzgänge, Fluchten und Reisen
1945–1961
Band 11 Von hier nach drüben, 38 Geschichten und Berichte
1961–1989
Band 19 Mauer-Passagen, 46 Geschichten und Berichte

Nähere Informationen zu den Büchern finden Sie am Ende des Buches, in unserem Verlagsprospekt und im Internet unter ww.zeitgut.com.

[Bedburg/Erft, Nordrhein-Westfalen; 1916]

Richard Nettersheim

Der kleine Vaterlandsverteidiger

Die folgende Begebenheit führt zurück an den Anfang des Kriegsjahres 1916. Mutter hielt trotz der steten Sorge um unseren an der Westfront eingesetzten Vater fest und treu zum Kaiserhaus, wie viele andere deutsche Frauen zu dieser Zeit. Über Vereine, durch Literatur, Bilder, Karten, Feierlichkeiten mannigfaltiger Art war die Bevölkerung auf den Kaiser eingeschworen worden. Auch der Schulunterricht wurde weitgehend darauf abgestimmt. Bereits im ersten Schuljahr lernten die Kinder – so später auch ich – als erstes Lied:

Der Kaiser ist ein lieber Mann,
er wohnet in Berlin.
Und wär' es nicht so weit von hier,
so ging ich heut noch hin.

Dieses Lied wurde auf die Melodie „Üb immer Treu und Redlichkeit!" gesungen. An Kaisers Geburtstag, am 27. Januar, hatten selbstverständlich alle Schüler unterrichtsfrei. Wie es damals Sitte war, zogen die kleinen Kinder an diesem Feiertag ihre Mini-Uniformen an, die sie zu Weihnachten geschenkt bekommen hatten. Zu Hause oder auf der Straße spielten sie dann Soldat. Auch ich, damals viereinhalb Jahre alt, besaß eine solche Uniform. Um unserem Vater eine Freude zu bereiten, beauftragte Mutter Peter, ihren ältesten Sohn,

Kaiser Wilhelm II. (1859–1941). Am 27. Januar, zu Kaisers Geburtstag, war schulfrei. An diesem Tag trugen auch wir Kinder Mini-Gala-Uniformen mit Pickelhaube und Schleppsäbel.

mit mir, dem kleinen feldgrauen Soldaten, zum Fotografen zu gehen. Das Foto wollte sie dann Vater schicken.

An einem sehr kalten Januartag zog mein Bruder mit mir los. Bis zum Fotografen mußten wir eine Viertelstunde laufen. Ein eisiger Wind fegte durch die trockenen, staubigen Straßen und trieb unablässig die Tränen in die Augen. Peter trug zu seinem warmen Wintermantel noch einen Wollschal um den Hals, eine Mütze schützte seine Ohren, Handschuhe wärmten seine Hände. Ich weiß nicht, warum Mutter, die sonst so fürsorglich darauf bedacht war, uns warm anzuziehen, dies bei mir heute außer acht gelassen hatte. Vielleicht war sie zu sehr im Laden beschäftigt oder hatte gerade etwas anderes Wichtiges zu tun. Vielleicht auch verließ sie sich auf den großen Bruder, daß er schon aufpassen würde.

Das war aber nicht der Fall. Mir selbst, dem Gala-Soldaten mit Pickelhaube und Schleppsäbel, war es ebenfalls nicht eingefallen, mich wärmer anzuziehen. Vielleicht war ich auch recht stolz, mich auf der Straße in Uniform zeigen zu können. Das Versäumnis merkte ich zwar sehr bald, aber zum Umkehren war es bereits zu spät. Peter ließ sich nicht darauf ein, vielmehr meinte er, einem Soldaten dürfe die Kälte nichts ausmachen. Das müsse ich doch einsehen.

Ich sah das ganz und gar nicht ein, denn ich fror erbärmlich. Ergeben tippelte ich neben meinem Bruder her, die froststarre Linke am Griff des Schleppsäbels. Die rechte Hand stahl sich in die Hosentasche.

Aber Peter hatte mein unsoldatisches Verhalten schnell bemerkt und fuhr mich barsch an: „Nimmst du wohl die Hand aus der Tasche! Schämst du dich nicht? Ein Soldat und die Hand in der Hosentasche! Unmöglich!"

Er sah sich scheu nach allen Seiten um, ob jemand mein unwürdiges Benehmen bemerkt hatte. Aber warum sollte ich mich schämen?

Ich begriff das nicht. Es war doch ein Spiel! Kriegspielen war 1916 noch große Mode bei uns Kindern. Die Spielwaren-Industrie ging gern darauf ein, stellte Gipssoldaten, Zinnsoldaten, Klein-Kriegsmaterial in Hülle und Fülle her, selbstverständlich auch Uniformen für den jungen Heldennachwuchs.

An Handschuhe hätte ich zumindest denken sollen! Meine Finger waren längst wieder zu Eisgriffeln geworden. Gesicht und Ohren schmerzten vom scharfen Biß der Kälte. Unauffällig versuchte ich, ein wenig hinter Peter zurückzubleiben, um dann genau so unauffällig beide Hände in die warmen Hosentaschen zu stecken. Das gelang mir sogar für eine wundervolle kurze Weile.

Da verriet mich der baumelnde Schleppsäbel, der mit dem unteren Ende auf den Bürgersteig klirrte. Peter fuhr erschrocken herum. Natürlich bemerkte er sofort meine nachlässige, um nicht zu sagen unvorschriftsmäßige Haltung: „Hände raus! Das nächste Mal haue ich drauf!"

Für eine kurze Zeit hielt ich tapfer durch. Als ich aber meinte, es vor Kälte nicht mehr aushalten zu können, versuchte ich den gleichen Kniff von vorhin noch einmal.

Aber Peter hatte wie ein Luchs aufgepaßt und schlug mir auf die Hände. Sie steckten zwar noch in den Hosentaschen, und die Schläge taten deshalb nicht weh, aber für mich war das Maß voll. Ich wollte nicht mehr tapfer und auch kein Soldat mehr sein. Ich heulte einfach drauf los.

„Du lieber Himmel", klagte Peter, „auch das noch! Ein Soldat, der weint! Willst du wohl aufhören! Wir sind ja gleich da."

So kam ich mit blaugefrorenem Gesicht und verweinten Augen beim Fotografen an, fürwahr kein dankbares Fotoobjekt für ihn! Nun begannen die Ohren und Hände von neuem zu brennen, sie schmerzten entsetzlich, es fehlte nicht viel, und ich hätte wieder losgeheult.

Der Fotograf wartete geduldig, bis ich „aufgetaut" war und mein blaues Gesicht seine natürliche Farbe zurückerhalten hatte. Er stellte mich in Positur. Neben mir ein hochbeiniges Gestell, auf dem die weiße Gipsbüste Kaiser Wilhelms II. thronte. Ich durfte anbiedernd und vertrauensvoll mit meiner rechten Hand zur oberen Plattform des Gestells hinauflangen, ganz nahe an den Landesvater. Meine Linke hielt wieder den Griff des Schleppsäbels umfaßt.

Still stehen! Nicht wackeln!

Diese Prozeduren brauchten damals ihre Zeit. Der Fotograf machte mich mit wichtiger, geheimnisvoller Miene darauf aufmerksam, genau auf den Fotoapparat zu achten. Wenn er den Deckel von der Linse nähme, flöge ein Vogel aus der Kamera.

Ich paßte genau auf, den Vogel jedoch sah ich nicht. So ein Schwindler! Er behauptete dreist, er habe den Vogel gesehen. Ich hätte nur nicht richtig hingeguckt. Wie unschwer

Mit diesem Foto wollte Mutter meinem an der Westfront kämpfenden Vater eine Freude bereiten. Ich war viereinhalb Jahre alt und weiß noch genau, wie es entstand.

aus meinem traurigen Antlitz und den verweinten Augen zu erkennen ist, stellt das Foto alles andere als das Idealbild eines frohgemuten, wackeren Vaterlandsverteidigers dar. Ein Abzug kam in mein Fotoalbum. Spaßeshalber schrieb ich später darunter: „Lieb Vaterland magst ruhig sein", entnommen dem besonders bei Feiern gesungenen Lied „Es braust ein Ruf wie Donnerhall, wie Schwertgeklirr und Wogenprall".

Aus: „Stöckchen-Hiebe", Reihe ZEITGUT, Band 3.

[Hamburg-Wilhelmsburg;
7. Mai – Heiligabend 1923]

Ernst Haß

Mein Weihnachtswunsch: Ein Vater

In Hamburg-Wilhelmsburg, am Obergeorgswerderdeich Nr. 9, bin ich aufgewachsen. Das Haus, das wir bewohnten, war eine Kate mit Strohdach. Man nannte diese Fachwerkhäuser auch Häuslings- oder Kötnerhaus. Wir waren zu Hause zwei Brüder, mein Bruder August, Audi genannt, 1914 und ich 1913 geboren. Alle Kinder bei uns am Deich hatten einen Vater, nur wir nicht. Ich litt sehr darunter und fragte: „Mutti, warum haben wir keinen Vater?“

Mutter sah mich mit großen Augen an, aber eine Antwort bekam ich nicht. Manchmal weinte sie, wenn ich wieder davon anfing. Als ich gut sechs Jahre alt war, erzählte unsere Mutter endlich, warum wir keinen Vater hatten. Unser Vater war bei der Kriegsmarine. Sein Schiff ging 1917 unter, und dabei ist er ertrunken. „So, Jungens, nun wißt ihr, warum ihr keinen Vater habt“, endete sie. Dabei kamen ihr die Tränen, und sie lief ins Schlafzimmer, um allein zu sein. Es hat lange gedauert, bis ich dies alles begriff. Ich ging zu Mutter ins Schlafzimmer, umarmte sie und weinte mit ihr um unseren Vater. Dann lief ich aus dem Haus, setzte mich am Deich nieder und weinte weiter. Ich verfluchte diesen Krieg, der uns den Vater genommen hatte.

Am 7. Mai 1923 wurde ich zehn Jahre alt. An diesem Tag sagte ich zu Mutter: „Ich wünsche mir zu Weihnachten einen Vater!“

Mein Bruder wollte lieber eine Eisenbahn haben. Ich konnte ihn aber umstimmen: Er wollte nun zu Weihnachten auch einen Vater haben. Wir umarmten unsere Mutti und versprachen immer wieder, daß wir ihr keinen Kummer mehr bereiten wollten. Normalerweise stellten wir jeden Augenblick etwas an, und nicht immer ging es gut aus. Unsere Mutter konnte uns kaum mehr in Schach halten, eine feste Hand mußte her.

Als Audi und ich eines Tages von der Schule nach Hause kamen und den Deich hinunterliefen, hörten wir unsere Mutter singen. Das Stubenfenster war offen. Mein Bruder und ich lauschten am Fenster. Wir hatten unsere Mutter noch nie in dieser Art singen gehört. Ich dachte: „Was ist los, was hat das zu bedeuten?“

Schließlich gingen wir hinein. „Mutti, du kannst aber schön singen, das haben wir gar nicht gewußt!“

Unsere Mutter schmunzelte und meinte nur: „Es hat auch seinen guten Grund!“ Aber verraten hat sie uns nichts. Wir brauchten nicht lange zu bitten, dann sang sie uns abends mit ihrer wunderschönen Sopranstimme in den Schlaf. Mein Lieblingslied war „Stolzenfels am Rhein“, weil darin ein gefallener Soldat vorkam. Ich mochte auch das Lied vom Fremdenlegionär, der in maurischer Wüste gefangen war.

Unsere Mutter veränderte sich. Sie lief neuerdings immer dem Postboten entgegen. Wenn er mit einem Brief für sie kam, war sie glücklich und hat ihn sofort gelesen. Hinterher sang sie den ganzen Nachmittag wie eine Nachtigall.

Der Monat Dezember rückte näher, es ging auf Weihnachten zu. Mutter fragte uns Jungen: „Was wünscht ihr Euch zum Weihnachtsfest?“

Mein Bruder sagte nun doch wieder, daß er sich eine Eisenbahn wünsche. Als ich an der Reihe war, antwortete ich: „Mutter, was ich mir wünsche, weißt du schon.“

„Ja, Jungens“, sagte Mutter, „dann wollen wir mal sehen!“

Endlich war Heiligabend. Morgens durften wir Jungen den

Weihnachtsbaum putzen und schmücken. Mit Buntpapier und Kartoffelmehl, aus dem wir Kleister anrührten, hatten wir Ketten angefertigt und in den Tannenbaum hineingehängt. Er sah schön aus! Mutter lobte uns und freute sich. Wir waren stolz auf unser Werk. Dann mußte sie noch einmal schnell weg, um in Niedergeorgswerder etwas einzukaufen. Lange dauerte es, bis sie völlig außer Atem wieder nach Hause kam. Es wurde schon dunkel. Immer wieder sahen mein Bruder und ich den Deich hinauf – aber der Weihnachtsmann kam und kam nicht, es war nicht mehr auszuhalten! Mutter meinte, daß der Weihnachtsmann nun bestimmt bald käme. Er hätte soviel zu tun hat, daß er gar nicht all die vielen braven Kinder besuchen könne. Bei uns wollte er aber auf jeden Fall vorbeikommen, wir seien ja artig gewesen, was wir ja auch hoch und heilig versprochen hatten. Wir hatten am Heiligtag wirklich nichts ausgefressen.

In dem Augenblick, als Mutter plötzlich aufstand und die vier Lichter am Baum anzündete, wummerte es an der Haustür. Mein Bruder bekam nun doch Angst und versteckte sich blitzschnell hinter dem Sofa. Mutter sah mich mit ihren großen Augen an und sagte: „Erni, mein Junge, dann laß mal dein Weihnachten herein!"

Sie hätten sehen sollen, wie schnell ich zur Tür flitzte und sie aufriß! Draußen stand aber nicht der Knecht Ruprecht, sondern ein großer Mann, der einen Seesack auf dem Rükken trug. Mutter stand hinter mir und forderte mich auf: „Laß ihn man herein!" und gab dem Mann einen Kuß.

Unglaublich – mein Weihnachtswunsch war in Erfüllung gegangen: Dieser große Mann wurde unser neuer Vater!

Wir waren glücklich, denn nun hatten auch wir endlich wieder einen Papa, so wie alle Kinder bei uns am Deich. War das ein Weihnachten! – das schönste Weihnachtsfest, das ich je zu Hause erleben durfte.

Aus: „Zwischen Kaiser und Hitler". Reihe ZEITGUT, Band 15.

[Breslau*) – Potsdam, Brandenburg;
1925–1931]

Hans Wagner

Potsdamer Erkundungen

Im Norden Potsdams, nördlich des Parks von Sanssouci, liegt das Bornstedter Feld. Es diente der Potsdamer Garnison schon vor dem ersten Weltkrieg als Übungs- und Exerzierplatz. Es wird am Ostrand durch einen 200 Meter breiten Mischwald aus mächtigen Eichen und schlanken Buchen gegen die Nedlitzer Chaussee abgeschirmt, die nach Norden führt. Dieses Wäldchen ist der Schragen. Die Beamten- und Soldatenstadt hatte in den 20er Jahren große Schwierigkeiten, ihren Staatsdienern Wohnungen anzubieten. So entschloß man sich, den südlichen Teil des Schragens abzuholzen und dort Wohnungen zu bauen, die den Beamten vorbehalten sein sollten. Es entstand eine 500 Meter lange Siedlung von Reihenhäusern mit je fünf Zimmern, zwei Mansarden, einem kleinen Vorgarten und einem großen Garten hinter dem Haus, den man durch eine helle Loggia erreichen konnte. Hierher zog nun die Familie des Schulrates aus Breslau mit der Tochter, die gerade die Sexta bewältigt hatte, und dem vierjährigen Sohn ungeklärten Glaubens – aufgrund eines Streits zwischen meinem Vater und dem Pfarrer meines Geburtsortes Bütow in Hinterpommern wurde ich nicht getauft – in das Haus Am Schragen 56, dem vorletzten der Siedlung. Es war der 1. Oktober 1925. Wenn auch der späte-

*) heute Wrocław in Polen

re Vorgarten und der Gemüsegarten noch in völliger Wildnis dalagen, so mußte es uns doch im Vergleich zu der düsteren Stadtwohnung in der Breslauer Tauentzienstraße als das Paradies erscheinen. Ein Paradies, in das jeden Morgen der Milchmann mit seinem Wagen, der von einem Schimmel gezogen wurde, einfuhr. Nachdem er mit einer großen Glocke gebimmelt hatte, füllte er aus einem Riesenfaß die Milchkannen. Nebenbei nahm er auch die täglich anfallenden Kartoffelschalen mit, um seine Kühe damit bei Laune zu halten.

Am ersten Tag konnten wir die Wohnung nur über Bohlen erreichen. Das war eher ein Problem für die Möbelträger als für uns. Das Gelände vor und hinter dem Haus wurde von einem säuerlich riechenden Mann, dessen dickes, rotes Haar unter einer speckigen Mütze hervorquoll, emsig bearbeitet. Er nannte das „rigolen". Nach kurzer Zeit war hinter dem Haus ein Garten mit streng abgezirkelten Beeten und Wegen entstanden. In der hintersten Ecke wurde eine große, tiefe Tonne in die Erde versenkt und auch gleich – wiederum vom Milchmann – mit Jauche gefüllt. Nun war meine Mutter vornehmlich damit beschäftigt, diesem alten Waldboden Pflanzen aller Art anzuvertrauen. Es wurden Bäume gepflanzt, die einem schon allein beim Nennen so schöner Namen wie „Cox Orange" oder „Williams Christ" das Wasser im Mund zusammenlaufen ließen. Ein herrliches Jungenleben konnte beginnen.

Auch der gute Hausgeist hatte gewechselt. Liesbeth, die mich in Breslau in eigener Regie im Nichtschwimmerbekken getauft hatte, bekam von ihren Eltern den strikten Befehl, Schlesien nicht zu verlassen, schon gar nicht in die Nähe des sündigen und verrufenen Berlin. So kam also Alma aus Anklam in Vorpommern zu uns. Sie sprach das dort übliche gedehnte Deutsch sehr langsam. Alma war ein großes, grobknochiges Mädchen mit Händen wie Schaufeln, einem stets rotglänzenden, großporigen Gesicht. Die aschblonden, langen Haare waren zu zwei Zöpfen geflochten, die wie ein Adventskranz auf ihrem Kopf drapiert waren. Es sah sehr putzig aus und gefiel mir. Wir waren in den beiden Mansardenzimmern untergebracht. Die Isolierung von der übrigen Familie behagte uns.

Alma war eine gelehrige Schülerin, die Kunst der perfekten Haushaltsführung zu erlernen. Eine Fingerübung auf dem Weg dahin bedeutete für sie ein Glöckchen, das meine Mutter auf dem Eßtisch plazierte, um Alma, ohne sie rufen zu müssen, an den Tisch zu locken. Da meine Schwester sich meiner Vorliebe für Senf angeschlossen hatte und bei fast jeder Mahlzeit danach verlangte, wurde das Glöckchen vornehmlich dann zum Scheppern gebracht, wenn der Mostrich fehlte. Bei einem feierlichen Damenkränzchen, die Kollegenfrauen meines Vaters waren geladen, war die Kaffeesahne zu Ende gegangen, die Glocke wurde betätigt. Da erklang die erschrockene Stimme Almas aus der Küche: „Jott, ich Dammel, der Mostrich fehlt", und sie brachte ihn mit schuldbewußtem Gesicht auf einem kleinen Silbertablett. Meiner Mutter stieg eine starke Rötung ins Gesicht, die Damen gaben sich gemäßigt amüsiert.

Größere Festlichkeiten standen an. Mein Vater lud seine nächsten Mitarbeiter samt Gattinnen zu einem kleinen Empfang ein. Dabei sollte der Filius als Prachtstück der Familie präsentiert werden. Neue Kleidung, vor allem eine über die Knie reichende Hose, war notwendig.

Eine Einkaufsfahrt nach Berlin ins Kaufhaus des Westens sollte mir hochwertige Fabrikate – von Bleyle – bescheren. Die Verkäuferinnen bauten Berge von Matrosenjacken und -hosen, was damals große Mode war, vor uns auf. Die vorgelegten Stücke wurden von mir sofort durch Befühlen begutachtet. Sie kratzten und waren außerdem so schwer, als hätten sie einen Bleikern. Ich verkündete meiner Mutter, diese Sachen nicht zu wollen. Mir schwebte etwas Leichtes aus Baumwolle vor, das vor allem nicht kratzen durfte. Der Blick meiner Mutter war vernichtend. „Was verstehst du schon von Baumwolle? Das hier ist ausgezeichnete Wollqualität, haltbar und solide“, was die Verkäuferin nickend bestätigte.

Also mindestens probiert werden mußte, da half alles nichts. Die Matrosenjacke wurde über mich gestülpt, in die Hose, die mir bis unter das Knie ging, wurde ich hineingehoben. Ich erstarrte im selben Augenblick: jede Bewegung jagte mir Schauer durch den ganzen Körper. Zu ertragen war das Zeug nur, wenn man völlig regungslos dastand. Ich heulte, bat darum, mir das nicht anzutun, mir was Leichteres zu kaufen. Je mehr ich mich sperrte, desto mehr schien meine Mutter von der Richtigkeit ihrer Wahl überzeugt. Der Verkäuferin sagte sie, der Junge würde sich schon daran gewöhnen. Also einpacken, zahlen, nach Hause. Hier wurde vor dem großen Ereignis kein Wort mehr darüber verloren.

Als der Tag, dem ich entgegenzitterte, gekommen war, bekam Alma neben ihren vielfältigen Aufgaben in der Küche auch den Auftrag, mich zu kostümieren. Da ich mich diesem Akt durch Flucht in den Keller entzog, und sie mich suchen mußte, geriet sie in Zeitnot. Eine Stunde vor Ankunft der Gäste hatte sie mich aber in meinem Zimmer arretiert und die beiden Kleidungsstücke griffbereit auf dem Bett zu liegen. Meine Gegenwehr war so groß, daß sie meine Schwester zu Hilfe rufen mußte. Zu sagen, sie hätten die Kratzbluse und die Kratzhose über die entsprechenden Körperteile gestreift, wäre eher untertrieben. Nein, sie zwängten mich hinein, eine hielt mich fest, die andere zurrte das drahtbürstige Gewebe an mir fest.

Ich schrie nicht nur wie am Spieß, sondern merkte erneut, daß das Kratzgefühl am geringsten war, wenn ich starr, ohne jede Bewegung, mit leicht nach vorne gewinkelten Armen dastand. Mir fiel der große, ausgestopfte Braunbär im Empfangssalon der Villa des Herrn Abramowitz ein. Das war der Besitzer des Kaufhauses Hirsch in Potsdam, bei dem mein Vater einmal in der Woche Skat spielte. Er imponierte mir sehr. Und noch mehr eben dieser Bär, der in meiner jetzigen

Haltung in der Halle stand. Auf seinen Unterarmen lag ein silbernes Tablett, das als Ablage für die Visitenkarten der Gäste diente. Die beiden Damen nahmen den erstarrten Knaben wie eine Schaufensterpuppe unter die Arme, transportierten ihn über die Treppe nach unten und stellten ihn in unserem Flur auf, wo die ersten Gäste bald zu erwarten waren. Meine Mutter sah mich giftig an und zischte, daß ich bald ins Bett verschwinden müßte, wenn ich mich weiter so anstellte. Das war für mich ein Hoffnungsschimmer und Ansporn, meine steife Haltung beizubehalten.

Der erste, der erschien, war Reg. Medizinalrat Dr. Meier nebst Gattin: groß, dick, das Gesicht von Schmißnarben zerfurcht, gelegentlich das Monokel im rechten Auge. Das be-

Viel lieber hätte ich gar nichts angezogen als den kratzigen Bleyle-Matrosenanzug! Aber aus dem Alter war ich nun doch schon heraus.

nutzte er jetzt, um mich betroffen zu mustern. Er war wohl überrascht, daß der Kollege Wagner das Handikap eines behinderten Sohnes hatte, und fragte meine Mutter, ob sie eine schwere Geburt gehabt hätte, und ob ich schon sprechen könnte. Das erste verneinte sie, die zweite Frage konnte sie bejahen, wobei sich ihr Gesicht leicht rötete.

„Tja“, sagte der Medizinmann, „wahrscheinlich Spastiker, an Schulbesuch in absehbarer Zeit wohl nicht zu denken, üben, viel üben, Heilgymnastik, Sport und Bewegung.“ Sprach’s und ging betrübt zum kalten Büfett.

Als dann Frau von Zitzewitz kam, mich betroffen musterte und streichelte und meine Mutter tröstend in die Arme nahm, war deren Geduld wohl am Ende. Nach einem wütenden Blick, der an meiner Haltung freilich nichts änderte, rief sie Alma: „Bringen Sie den Jungen sofort ins Bett!“

Ich war Alma beim Transport in die Mansarde sehr behilflich, indem ich beim Treppensteigen wenigstens die Knie beugte. Gemeinsam rissen wir das Drahtgewebe von meinem Leib, dann ging sie noch schnell in die Küche, um einen meiner Seelentröster zu holen. Das war eine braune Flasche mit einem gelben Etikett und einem schnuckeligen Nuckel, durch den ich einen kräftigen Schluck zu nehmen gewohnt war. – Ob der Name „Maggi“ von „magisch“ kommt? – Noch ein kräftiger Schluck, ein Kapitel aus der „Häschenschule“, von Alma mit vorpommerschem Charme vorgelesen, und der Trubel im Erdgeschoß war vergessen. Ich schlief in einen neuen Potsdamer Tag, von dem der nächste immer noch schöner war als der vergangene.

Dieser verunglückte Empfang hatte Konsequenzen. Zwar waren die Kleidungsstücke aus dem KaDeWe vom Tisch – wohl die erste größere Fehlinvestition meiner Mutter – aber die Bezeichnungen „spastisch“ und „zurückgeblieben“ konnte sie nicht auf sich sitzen lassen. Als Bauerntochter wollte sie kein krankes Kalb in ihrem Stall.

Also hieß es: Schwimmunterricht. Ich war wohl der jüngste Freischwimmer, den das Potsdamer Hallenbad in diesen Jahren ausgebildet hat. Daß ich auch der jüngste Teilnehmer der Tanzschule in der Großen Weinmeisterstraße war, glaube ich indes nicht. Sicher aber war ich der Schüler, der es am wenigsten lange aushielt, in schwarzem Trikot und Tanzschuhen hinter der Tamburin schlagenden Lehrerin leichtfüßig, Fußspitzen immer schön auswärts, hinterher zu hüpfen. Dazu noch als einziger Junge unter zehn Mädchen, das machte ich nicht mit!

Es traf sich gut, daß sich gegenüber diesem Musentempel das „Hexenhäuschen" von Opa Röhr befand, der hauptsächlich Gärtner, im Nebenberuf aber Rektor einer Schule und Englischlehrer war. Er wohnte in einem Holzhäuschen inmitten eines üppigen Gartens. Wenn man ihn besuchte, hatte er immer eine Gartenschürze um, eine Hacke, Gießkanne oder Schere in den erdigen Händen, irgendwelche botanische Namen vor sich hinmurmelnd. Hier fühlte ich mich wohl. Zum Abschied gab er mir für meine Mutter, die er offensichtlich sehr mochte, einen prächtigen Blumenstrauß mit, den ich ihr nach dem „ausgefallenen" Tanz- und Hüpfspektakel als Trostpreis mit schönen Grüßen überbrachte.

Inzwischen war die Siedlung „Vaterland" vollständig bewohnt. Spielkameraden gab es für mich reichlich. Direkt neben uns wohnte der Archivrat Demeter. Er soll der beste Kenner der deutschen Militärgeschichte gewesen sein. Die einzige Tochter, Inge, ein hübsches, blondes Mädchen, war so alt wie ich. Inge war mein erster und wichtigster Partner bei der Erforschung der nächsten Umgebung. Gleich hinter dem Haus begann das Bornstedter Feld. Im tiefen märkischen Sand mit einigen lichten Gehölzgruppen warteten militärische Unterstände und geheimnisvolle Funde wie leere Patronenhülsen und Attrappen von Handgranaten auf unsere Besitznahme. Kletterwände, Stacheldrahtverhaue und hölzerne Nachbildungen von „Tanks", wie damals die Panzerwagen hießen, waren unsere liebsten Spielplätze. Nur selten wurden wir von übenden Soldaten gestört. Die neu erworbenen Roller machten uns beweglich und die Gegend unsicher. Jeder Kindergeburtstag wurde ausgiebig gefeiert.

1926 wurde meine Schwester konfirmiert. Dazu waren große Vorbereitungen getroffen worden. Die Gästeschar füllte das Haus: Ilses Freundinnen, Freunde der Eltern, an der

August 1928. Inge Demeters Geburtstag. Die Mädchen haben sich für das Foto extra feingemacht. Vorne links liege ich, neben mir meine Freunde Hilmar Blum und Walter Koch. Die zweite von links ist Inge Demeter.

Spitze Opa Röhr. Als Ungläubiger war ich von der kirchlichen Zeremonie befreit, wurde aber durch ein spektakuläres Ereignis im Garten voll entschädigt. Nach einer üppigen Kaffeetafel entstand das allgemeine Bedürfnis, sich die Füße zu vertreten. Also erging man sich im Garten, in dem gerade die Osterglocken blühten. Die Herren schmauchten ihre Zigarren, die Damen bewunderten den gärtnerischen Fleiß. Opa Röhr gab wertvolle gärtnerische Tips, zupfte hin und wieder unauffällig ein Unkräutlein aus.

Das Ereignis Konfirmation sollte nun auch dokumentiert werden, und Vater stellte das Fotostativ auf. Die Herrschaften wurden gebeten, sich so zu plazieren, daß alle auf das Bild kamen. Das war, ohne auf die Beete zu treten, nur in der hinteren Ecke möglich, wo der beim Einzug installierte Jauchekübel stand. Um den herum postierten sich nun die zehn Gäste auf engstem Raum, mein Vater gab die letzte Positionsempfehlung. Ilse fühlte sich offensichtlich im Kreise der Erwachsenen – trotz ihres prächtigen Konfirmationskleides – als Hauptperson des Tages nicht gebührend beachtet und stellte sich mit beiden Füßen auf den Rand der in die Erde versenkten Tonne. Vater hatte den Auslöser noch nicht betätigt, da gab es einen lauten Krach, Flüssigkeit spritzte, Ilse tauchte schreiend in die Tiefe!

Der Rand der wohl etwas morschen Tonne war gebrochen, meine Schwester stand bis zum Nabel in der Jauche. Die Kleider der Gäste waren mehr oder weniger befleckt, was man mehr roch als sah. Großes Geschrei, unsicheres Gelächter, Gebrüll der triefenden Ilse, die von Alma zur Entsorgung und Renovierung sofort in die Waschküche und ins Bad verbracht wurde. Es dauerte ziemlich lange, bis sie mit neuem, bei weitem nicht so festlichen Kleid und verheultem Gesicht zu den Gästen zurückkam. Diese hatten unterdessen mit Taschentüchern an ihrer Kleidung herumgerieben. Als ich mir die Bemerkung erlaubte, daß sie noch stinke, bekam ich einen Schubs und einen bösen Blick meiner Mutter. Die Gesellschaft zog sich wieder ins Haus zurück, wo Alma schon das „Trostbuffet" gerichtet hatte.

Kein Wunder also, daß es von der Konfirmation keine Bilder im Familienalbum gibt. Dafür gibt es eins von meinem ersten Schultag, mit Riesentüte, kurzer Hose, Baumwollhemdchen und fröhlichem Gesicht. Aber das war erst ein Jahr später. Bis dahin nahm mich mein Vater gelegentlich zu Schulinspektionen mit. Der livrierte Fahrer, der große Dienstwagen, ein NAG – das hat mir großen Spaß gemacht. Mein Vater wollte wohl die Schullust in mir wecken. Ich durfte auf der hintersten Bank an Probeunterrichtsstunden teilnehmen, und er erreichte sein Ziel: ich wurde neugierig und sehnte den ersten Schultag herbei ...

Gekürzter Beitrag aus: „Stöckchen-Hiebe", Reihe ZEITGUT, Band 3.

[Dülmen, Kreis Coesfeld, Nordrhein-Westfalen; 1927]

Liesel Hünichen

Autofahren 1927

Es war schon eine Sensation, daß meine Mutter als erste Frau im Kreis Coesfeld einen Führerschein besaß. Die Einwohner unserer Stadt rissen Mund und Nase auf, als sie die ersten Male, mit Vati neben sich, im Zehn-Kilometer-Tempo durch die Straßen „brauste". Wie festgenagelt standen unsere Dülmener am Straßenrand, und ich weiß noch genau, wie peinlich meiner Mutter das war.

Unser Auto war ein „Brennabor" und dunkelgrün. Die Marke gibt es schon lange nicht mehr, sie ist irgendwann in der „Autounion" aufgegangen. Natürlich war das Auto nicht neu; so viel Geld verdiente ein Studienrat mit drei Kindern nicht. Es war fünf Jahre alt und preiswert erworben, außer uns besaßen damals nur die drei Textilfabrikanten, der Arzt Dr. Sievers und der Tierarzt Dr. Püttmann ein Auto.

Mehrere Monate zuvor durfte ich mit Dr. Püttmann und Sohn Rudi mit der Pferdekutsche in die Bauernschaft fahren. Während wir auf den Vater warteten – wir durften nicht mit in den Stall –, erhielt ich von Rudi den ersten Aufklärungsunterricht. Er erklärte mir zu meiner großen Verblüffung, daß die Kälber im Bauch der Kuh stecken und eben jetzt von seinem Vater herausgezogen würden. Ich konnte das nicht glauben, traute mich aber nicht, meine Eltern danach zu fragen. Kurze Zeit später hatten Püttmanns einen nagelneuen Opel. Bei unserem ersten gemeinsamen Autoausflug gelang es meinem Vater bei einer leichten Steigung sogar, den neuen Opel zu überholen. Unser „Brennabor“ hatte es bergauf auf fast 55 km/h gebracht. Wir bildeten uns auf unsere Rekordleistung etwas ein, aber nur im stillen.

In der Stadt war man sowieso der Ansicht, ein Studienrat als Autobesitzer müsse größenwahnsinnig sein. Und erst eine Frau am Steuer – das war schlechterdings widernatürlich! Auf Vatis Wunsch hin hatte meine Mutter passend zum Auto ihre langweilig strenge Frisur mit dem braven Nackenknoten durch eine moderne Kurzhaar-Dauerwellfrisur ersetzt und war urplötzlich in eine moderne Frau verwandelt, was aber leider nur kurze Zeit vorhielt.

Bevor die Eltern aber fahren durften, mußten sie eine Fahrprüfung ablegen; die gab es damals bereits. Ein Prüfer kam eigens angereist, um meine Eltern und noch zwei weitere Fahrschüler, Ärzte aus dem Kreisgebiet, zu prüfen. Fahrunterricht hatte ihnen Heini Tork erteilt. Er war der Hausmeister unseres Gymnasiums, Schuldiener oder Pedell hieß das damals. Es muß ihm ein wahres Vergnügen bereitet haben, einen Schulmeister seines Gymnasiums mit Doktortitel zu belehren, und Heini erfuhr, zumindest bei meinen Eltern, eine enorme Aufwertung seiner Persönlichkeit. Heini war klein, untersetzt und trug eine Glatze. Er wohnte mit seiner Guste, ebenso rundlich wie er, und deren Mops, der haargenau zu den beiden paßte, in einer Dienstwohnung in den Kellerräumen der Penne, direkt neben der heimatkundlichen Sammlung von Steinäxten und Knochen. Das war mir immer ein bißchen unheimlich. Aber Heini war gar nicht unheimlich, sondern eine Seele von Mensch. Während seiner Militärzeit hatte er nicht nur Fahrkenntnisse erworben, sondern kannte sich auch in den geheimnisvollen Eingeweiden des technischen Wunderwerks Auto bestens aus.

Eine Autowerkstatt gab es noch nicht, doch die Fahrprüfung verlangte Motorkenntnisse, die unser Hausmeister offenbar kenntnisreich vermittelte, denn nie fiel jemand durch.

Mein Vater behauptete zwar hinterher, „seine Hanni“ habe vom Motor und der Technik nicht das mindeste begriffen, was auch ganz und gar überflüssig sei; denn dafür sei schließlich er zuständig. Offenbar war der Prüfer der gleichen Meinung. Nach der Schilderung meines Vaters mußten die Herren nacheinander um etliche Ecken fahren, eine Zündkerze auswechseln, eine Schraube anziehen und – was ich auch bis heute nicht fertigbringe – ein Rad wechseln.

Meine „technisch unbegabte Mutter“, so das Urteil meines Vaters, brauchte nichts dergleichen zu tun. Sie wurde mit liebenswürdigem Lächeln und der freundlichen Feststellung bedacht: „Ich weiß, gnädige Frau, Sie können das!“

Sie muß jedenfalls sehr sachverständig gelächelt haben.

Für uns drei Kinder begann nun eine herrliche Zeit. Mit dem Auto fuhren wir bei schönem Wetter an die Stever. Sie ist ein Nebenfluß der Lippe. Bevor man sie begradigte und sie zwang, den großen Halterner Stausee zu füllen, war sie ein munterer kleiner Fluß mit vielen Windungen, tiefen und flachen Stellen, weißen Sandbänken am Ufer voller Flußmuscheln und Enten im Schilf.

Einmal im Frühling hatte sich der idyllische Fluß in einen reißenden Strom verwandelt. Die angrenzenden Wiesen waren alle überschwemmt und hatten sich zu einem See ausgedehnt, der bis zu der ländlichen Gastwirtschaft reichte, vor der wir im Sommer nach dem Schwimmen unter den Bäumen saßen und Zitronenbrause tranken. Brause gab es zu Hause nie. Sie ist für mich mit der Erinnerung herrlicher Sommertage am Fluß verbunden. Wir lernten dort nämlich schwimmen mit Hilfe eines alten, mehrfach geflickten Autoreifens und unserer Mutter, die eine gute Schwimmerin war, äußerst ungewöhnlich für die damalige Zeit.

Am Ufer des Flusses wurden zwischen drei Bäumen Schnüre gespannt, Bettücher darübergelegt und zu Badekabinen umfunktioniert. Niemand wäre damals auf die Idee gekommen, sich ungeniert im Freien aus- und anzuziehen; das war ganz und gar unschicklich. Um unsere Körper schlodderten dünne baumwollene Schwimmanzüge, die bis zum Knie reichten. Besonders modisch, aber um so scheußlicher waren die in breiten, einem Zebra ähnlichen, schwarz-weißen Querstreifen.

Mutti allein trug einen ganz ungewöhnlichen Schwimmanzug, der noch aus ihrer Jungmädchenzeit stammte. Wir fanden ihn total unmodern, heute würde er sicher Furore machen. Er bestand aus hellblauem Batist, mit schwarz-gelbgepunkteten Litzen abgesetzt und mit Rüschen an den Schultern und unter dem Knie. Die rote Gummihaube, die alle Damen damals trugen, die bei den Augenbrauen begann und als Turban hochstand, war alles andere als kleidsam.

Unser Auto hatte zwischen Vorder- und Rücksitzen so viel Platz, daß in der Tiefe neben den Füßen der Erwachsenen noch bequem Kinder sitzen konnten. Meine Schwester Hella, damals zwei oder auch drei Jahre alt, saß dort immer auf einem Sofakissen. Meine Freundin Eva, Hansis Freund und auch unsere Haushaltshilfe Hedwig wurden öfter mitgenommen. Einmal fuhr auch mein Freund Rudi Püttmann mit, der dann statt fehlender Badehose im geschlitzten Unterhöschen badete.

Eines Tages gerieten wir auf dem Weg nach Münster in einen Gewitterregen und mußten, vollkommen durchnäßt, mitten auf der Landstraße anhalten. Das Regenverdeck, das ziehharmonikagefaltet hinter den Rücksitzen auflag, klemmte und wollte sich nicht hochklappen lassen. Die Eltern und wir Kinder zerrten, zogen und schoben und waren alle klitschnaß, ehe die Plane die Sitze bedeckte.

Übrigens besaß das Auto bereits einen elektrischen Bedienungsknopf zum Hupen inmitten des Lenkrades. Er funktionierte nur nicht immer, so daß häufig die große Gummihupe an der Seite der Sichtscheibe zusammengedrückt werden mußte. Einmal bekam mein Vater sogar ein Strafmandat. Es war nämlich Vorschrift, an jeder einmündenden Straße und Ecke zu hupen. Bei der Durchfahrt eines Dorfes hatten wir wohl eine schmale einmündende Gasse übersehen, und der Dorfpolizist war auf der Wacht und erstattete Anzeige. 3 RM kostete das unterlassene Hupen. Wenn es diese Vorschrift heute noch gäbe, hätte uns der ohrenbetäubende Lärm schon alle ertauben lassen.

Das Spannendste aber war unsere erste Fahrt zu Tante Lene nach Werne im Herbst. Als wir auf der Landstraße eine tiefliegende, von Bächen durchflossene Wiesenlandschaft durchfuhren, befanden wir uns plötzlich in dichtem Nebel! Es war nichts mehr zu sehen. Begrenzungspfähle gab es noch nicht, und die Apfelbäume jenseits der Straßengräben ließen sich nur erahnen. Entgegenkommende Autos fürchteten wir eigentlich weniger als die Pferdefuhrwerke der Erntewagen. Mutti stieg aus und kontrollierte die Lampen. Sie waren im Nebel kaum zu sehen, die Hupe nicht zu hören.

Die Lösung sah schließlich so aus: Mutti marschierte drei Meter vorneweg und schwenkte unsere große Stabtaschenlampe im Kreise, wir Kinder wurden aufgefordert, mit unseren Augen angestrengt die Dunkelheit zu durchdringen und in Intervallen Kreischtöne auszustoßen, um entgegenkommende Radfahrer, Fußgänger, Pferdefuhrwerke zu warnen bzw. uns vor ihnen zu schützen. Wir atmeten alle befreit auf, als wir die Nebelwand hinter uns gelassen hatten und unbeschadet bei Tante Lene angekommen waren.

Der Brennabor ist unser einziges Auto geblieben. Nachdem die gemütliche Familienkutsche nach drei oder vier Jahren ihren Geist aufgegeben hatte und unser Fachmann Heini Tork keine Reparaturmöglichkeit mehr sah, haben sich meine Eltern einen solch ausgefallenen Luxus kein zweites Mal geleistet. Er ist mein Symbol für unbeschwerte Kindertage geblieben.

Aus: „Zwischen Kaiser und Hitler". ZEITGUT, Band 15.

[Weimar, Thüringen;
1929]

Hildegard Kupko

Unser erstes Radio

Mein Vater war ein recht geschickter Bastler, er reparierte sogar Uhren. Leidenschaftlich gern besohlte er Schuhe. Er paßte seinen klobigen Arbeitsschuhen dicke Ledersohlen an, auf die Zwecken genagelt wurden. Sie sahen aus wie Reißzwecken, waren aber viel derber. Die Absätze erhielten Eisen in der Rundung, zirka einen halben Zentimeter breit. So war er für seine Arbeit als Zugabfertiger bei der Bahn auf seinen Wegen, die meistens aus grobem Schotter bestanden, bestens gerüstet. Auch wir zwei „Weiberleit", Mutter und ich, bekamen auf unsere Schuhspitzen Eisen genagelt. So ausgestattet, hielten sie wesentlich länger.

Vater hantierte auch mit Farbe, besonders gern mit Ölfarben. Mit Streichen und Tapete kleben hatte er allerdings nichts im Sinn. Bei Bedarf mußte der Henner Helbig aus der Nachbarschaft geholt werden.

Im Sommer 1929 nahm sich Vater ein paar Tage Urlaub, um seine Eltern und Geschwister in Berlin wieder einmal zu besuchen. Sein Bruder Erich hatte sich einen Radioapparat bauen lassen. Eine industrielle Produktion war noch nicht so verbreitet, doch geschickte Bastler nutzten die beginnende Nachfrage, um in Heimarbeit in das lukrative Geschäft einzusteigen. Vater interessierte sich sehr dafür. Onkel Erich gab Hinweise und Tips, so daß Vater schließlich ganz besessen war von dem Gedanken, solch ein Gerät selbst zu bauen.

Er hörte sich um und fand in der Weimarer Sophienstraße den Ingenieur Zeyß, der Schaltpläne und Zubehör anbot. Also kaufte er dort alles Nötige ein und begann zu sägen, zu hämmern und vor allem zu löten – es war fürchterlich! Der Tisch in der Küche war mit den verschiedensten Utensilien belegt, nichts durfte berührt oder gar verändert werden. Die Familie aß nebenan am Abwaschtisch.

Wenn Vater vom Dienst kam, mußte das Essen abgekühlt bereitstehen. Sodann stürzte er sich förmlich auf seine Arbeit. Fast verbissen werkelte er, es wurde nicht gesprochen, durch nichts durfte er gestört werden. Ich flüchtete, sooft ich konnte. Es war nicht auszuhalten. Meine Mutter hielt stumm aus – einmal würde das Drama ja ein Ende haben.

Es kam der Tag, an dem mein Vater sein Kunstwerk gut verpackt in den Rucksack steckte und zu Herrn Zeyß ins Bahnhofsviertel ging, um es ihm vorzustellen. Das Gerät wurde an Akku und Anodenbatterie angeschlossen, ein Lautsprecher angeklemmt – und es dudelte auf Anhieb!

Riesenfreude und Stolz erfaßten ihn: Ein einfacher Eisenbahnarbeiter hatte ein Rundfunkgerät zustandegebracht.

Nun hatten wir alles Zubehör beisammen – bis auf die Antenne, noch war kein Empfang im trauten Heim möglich. Sie mußte nach Berechnung von Herrn Zeyß 30 Meter lang sein. In der Nachbarschaft wurden Helfer organisiert, die die Antenne sowie ihren Anschluß hoch über die Straße legten. Mit einem Bananenstecker wurde sie an den Apparat angeschlossen. Über einen Schalter konnte man die Antenne nach Benutzung erden. Ich entsinne mich, daß der Ansager abends bei Programmschluß den guten Rat gab: „Und nun, liebe Hörerinnen und Hörer, vergessen Sie nicht, Ihre Antenne zu erden.“

Vater sagte darauf prompt: „Nein, wir vergessen die Beerdigung nicht“, und betätigte den Schalter. Am Ende jedes Tages wurde das Deutschlandlied gespielt.

Schön war das Äußere des Radioapparates im Vergleich

Um 1925. Der Rundfunk erweckte ein neues Hobby: Überall entstanden Bastlergruppen, die sich mit zum Teil einfachen Mitteln ihre Empfangsgeräte selber bauten.

zu heutigen Geräten nicht. Alle elektrischen Bauteile waren in einem Kasten aus Kunststoff, etwa 35 mal 25 Zentimeter groß, unter einer Platte angebracht. Diese Platte war mit drei Röhren bestückt. Mir erschienen sie wie Glühlampen, innen mit Silber überzogen. Links daneben befanden sich drei runde Spulen, aus feinem grünen Draht gewickelt, auf Stiftsockeln. Die mittlere war unbeweglich, die beiden anderen ließen sich drehen, um die Sender abzustimmen und die Lautstärke zu regulieren. Zu diesem Zweck betätigte man eine Schraubvorrichtung an einer kleinen Stange. Kam man bei der Lautstärkeregelung der großen Spule zu nahe, quietschte es ganz fürchterlich.

Der Lautsprecher, ein trichterförmiges Gerät der Firma N & K, wie man ihn heute noch bei nostalgischen Grammophonen sieht, war separat auf einer Eckkonsole befestigt. Ein Detektor, ein kleines Glasröhrchen mit einem Stück Metall und einem dünnen Draht darin, war ebenfalls auf die Platte montiert worden. Man sah dem Apparat an, daß er in reiner Handarbeit entstanden war – aber er erfüllte hundertprozentig seinen Zweck!

Zwei Mark betrug damals die monatliche Rundfunkgebühr, zwei Sender konnten wir empfangen: Leipzig und Berlin, glaube ich, oder Königs Wusterhausen. Auf unserer Gebührenquittung war eine niedrige Empfängernummer eingetragen, wir waren wohl weit und breit die einzigen Hörer, außer bei uns sah man im Stadtviertel nirgends eine Antenne.

Meine Eltern stellten das Gerät nur ab und zu an, eine Programmzeitschrift gab es noch nicht. Die einzelnen Darbietungen wurden durch kurze Hinweise angekündigt. Viel Musik hörten wir und noch öfter Nachrichten, das war schon angenehm. Wurde der Empfang schlechter oder unklar, Sprache und Musik verzerrt, so lag es entweder an einer verbrauchten Anodenbatterie oder am Akku. Die Batterie kostete 4,50 RM, den Akku brachte man zum Aufladen. Sein Gehäuse bestand aus dicken Glasplatten, innen waren Bleiplatten angebracht, in verdünnte Salzsäure versenkt. Oben befanden sich ein Schraubverschluß aus Porzellan sowie ein Minus- und ein Plus-Pol. Die Gefahr, sich bei geöffnetem Verschluß die Haut mit Salzsäure zu verätzen oder sich die Kleidung zu beschädigen, war ziemlich groß. Nach jeder Berührung war Händewaschen nötig.

Unser selbstgebautes Radio war viele Jahre unser bestes Stück. Einen Volksempfänger kauften wir nicht, Ende der Dreißiger Jahre schafften wir den Radioempfänger Nora an. Nora – der mit dem „magischen Auge“, das als grünes Licht die richtige Einstellung anzeigte. Das Gerät war der letzte Schrei und erlaubte eine weitaus größere Senderauswahl.

Aus: „Zwischen Kaiser und Hitler“. ZEITGUT, Band 15.

[Hamburg;
1931]

Willi F. Blaudow

Der dicke und der kleine Dirigent

Mein Vater war Berufsmusiker. 1931 hatte er auf der Großen Freiheit im Tanzlokal „Bayrisch Zell“ eine Anstellung gefunden. Er wäre zwar gern Theatermusiker geworden, aber zu der Zeit waren die meisten Musiker erwerbslos oder „ständelten“ zu dritt oder zu viert durch die Straßen Hamburgs, um überhaupt etwas zu verdienen. Ständeln heißt soviel wie Straßenmusik machen. Und so kamen jeweils abwechselnd „Die Grünen“, „Die Blauen“ oder „Die Grauen“, erkennbar an ihren Anzügen, einmal in der Woche in die Straßen und bekamen für ihre Musik von den Bewohnern ein paar Groschen aus den Fenstern zugeworfen.

Wir Kinder sammelten für die Musiker das Geld auf und gaben es ihnen, wenn sie ihre drei Stücke gespielt hatten. Ich paßte mit großem Eifer auf, daß die Kinder das Geld auch ablieferten, denn mein Vater hatte beobachtet, daß sich einige von den Jungen mitunter das Geld in die eigenen Taschen steckten. Dafür habe ich mal einen Jungen aus der Nachbarstraße schwer verdroschen, und damit war Ruhe; keiner wagte es mehr, sich am Geld der Musiker zu vergreifen. Doch nun brauchte mein Vater nicht mehr zu ständeln, er verdiente sein Geld im Tanzlokal.

Die Kapelle bestand aus dem Dirigenten und elf Musikern. Sie traten in Studenten- oder Bayerntracht auf und spielten entsprechend ausnahmslos Blasmusik (im Jargon Blechmusik). Allein der Dirigent war schon eine Sehenswürdigkeit, denn, von der Figur her klein und dick, hatte er etliche Pfunde zu bieten, war dabei aber stets quicklebendig und zu allerlei Streichen aufgelegt.

Nachmittags, wenn es noch etwas gesitteter zuging, – was gegen Abend aufgrund des Bier- und Schnapskonsums der Gäste mehr und mehr zu wünschen übrig ließ – ging meine Mutter mit mir und meinem fünf Jahre älteren Bruder manchmal in das Lokal, um Musik zu hören. Ich saß dann dabei und klopfte mit den Fingern den Takt zur Musik auf den Tisch.

Eines Tages setzt sich der Dirigent zu uns, die Kapelle spielt unterdessen ohne ihn. Nachdem er mir eine Weile zugesehen und zugehört hat, spricht er mich an: „Sag mal, Willi, hast du nicht Lust zu dirigieren? Den Takt kannst du ja schon prima halten. Ist auch ganz einfach, du schwingst nur im Takt den Dirigentenstab, alles andere machen die Musiker dann ganz allein, so wie jetzt, wo ich hier bei euch sitze. Nun, was meinst du?“

Mir schießen die Gedanken nur so durch den Kopf. Schon immer habe ich mir gedacht, es müßte herrlich sein, auf der Bühne zu stehen, zu dirigieren, und die Musiker nach meinem Takt spielen zu lassen. Ich kannte es doch von meinem Vater, wenn er sich über einen Dirigenten beschwerte, weil er mit dem Tempo nicht einverstanden war. Aber jetzt und hier, als kleiner Junge gleich auf die Bühne und dirigieren? Ich kenne doch keine Noten, und wenn ich falsch dirigiere, was sagt dann mein Vater?

Ich hatte ja schon das Geigenspielen erlernen sollen, aber mein Vater war kein guter Lehrer, er verlangte nach dreimaligem Vorspielen die Leistung, die er mir vorgab. Deshalb hatte ich auch wenig Lust, Noten zu lernen. Und nun, ohne Notenkenntnisse dirigieren?

Ich schaue meine Mutter an und meinen Bruder (der sich eins feixt), bekomme weder von der einen noch vom andern

Hamburg 1931. Auf der Großen Freiheit, im Tanzlokal „Bayrisch Zell": Der „Dicke" präsentiert seine Kapelle. In der zweiten Reihe steht mein Vater als zweiter von links.

Rat und sage schließlich: „Nee ... nee, das kann nicht gutgehen! Ich kenne keine Noten, und wonach soll ich dirigieren?"

Der Dicke schaut mich verwundert an, klopft sich auf die gewaltigen Oberschenkel und lacht lauthals: „Donnerwetter, daß er sich solche Gedanken macht, hätte ich nicht gedacht! Aber keine Angst, mein Kleiner, Noten brauchst du nicht zu kennen! Du sollst nur nach deinem Taktgefühl dirigieren, so wie du hier auf den Tisch klopfst, sonst nichts!"

Dann wendet er sich meiner Mutter zu: „Der Willi schafft das bestimmt, ich habe schon mit seinem Vater gesprochen, und der meint auch, es würde mit ihm klappen! Wir wollen es doch gleich mal probieren, klar?"

Mir rutscht das Herz in die Hose. Jetzt gleich also sollte ich dirigieren, hier, auf dieser Bühne? Mann oh Mann, wenn das man gut geht!

Der Dicke erhebt sich, packt meine Hand und ab geht's, ohne Erbarmen auf die Bühne. Am Dirigentenpult nimmt er seinen Taktstock, dreht sich zu mir und sagt laut zu den Musikern: „So, meine Herren, ich stelle euch hier nun den Willi vor, er wird mich ab und zu vertreten, wenn ich mal keine Lust hab! Auf geht's Buam!"

Damit hebt er den Taktstock, die Musiker setzen die Instrumente an, und dann folgt der Bayrische Defiliermarsch. Kaum komme ich dazu, den Dirigenten zu beobachten, verneigt er sich auch schon vor mir, überreicht mir den Taktstock und flüstert mir zu: „Nimm den Stock und mache gerade so weiter! Und nur keine Angst, es klappt schon!"

Nun, da ich den Taktstock in der Hand halte, ist alle Aufregung verflogen. Den Marsch kenne ich gut, den Takt kann ich auch halten, also hoch den Stock und im Takt auf- und abschwingen. So dirigiere ich bis kurz vor dem Ende des Marsches, hebe den Stock, bis der letzte Paukenschlag verklungen ist, und schwinge ihn dann rasch nach unten. Die Musiker nehmen die Instrumente runter, und dann erfolgt ohrenbetäubender Beifall.

Der Dicke kommt zu mir und klopft mir auf die Schulter: „Das hast du prima gemacht, Willi, darauf müssen wir einen trinken!"

Auch mein Vater kommt: „Na, Willi, war's schlimm? Das klappte doch gut und wird bestimmt noch besser!"

Das Lob meines Vaters tut mir besonders gut, und so laufe ich zum Treppchen, um zu meiner Mutter zurückzugehen. Doch dort haben sich viele Gäste eingefunden, die applaudieren. Dann nehmen sie mich auf die Schultern und gehen mit mir zur Theke. Ich bekomme von den Damen und Herren so viel Schokolade, Geldstücke und -scheine zugesteckt, daß meine Taschen den Segen kaum fassen können. Ich bin froh, als ich endlich wieder bei meiner Mutter sitze.

Am nächsten Tag frage ich natürlich meinen Vater aus. Ich will wissen, wie das nun mit mir weitergehen soll, welche Märsche gespielt werden sollen, und was ich zu Anfang und Ende des Musikstückes mit dem Taktstock besser machen kann. Bevor ich am Abend einschlafen kann, rekapituliere ich im Geiste noch einmal alles, denn ich soll am kommenden Sonntag wieder auftreten.

Am Sonntagnachmittag gehen meine Mutter, mein Bruder und ich wieder ins Tanzlokal. Ich trage nun, ganz bayrisch, kurze, schwarze Hosen, Wadenstutzen, ein weißes Hemd, breite, bunte Hosenträger, einen Janker und einen Seppelhut. Der erste Marsch ist verklungen, als der Dicke mich auf die Bühne holt. Dort steht bereits der Geschäftsführer des Lokals, der auch die Ansage macht. Wir stellen uns dazu.

„Meine Damen und Herren! Ich darf Ihnen heute eine Attraktion vorstellen, die es noch nie gegeben hat. Hier ist der Hubert, unser stattlicher, altbewährter Dirigent, und hier ist Willi, der neue Dirigent, fünf Jahre alt! Ich wünsche Ihnen viel Vergnügen!"

„Mach's gut Willi! Und keine Angst!" ruft mir der Dicke noch zu, während schon stürmischer Beifall losgeht. Dann gibt er mir den Dirigentenstab – es ist ein neuer mit Goldspitze. Ich trete an das Dirigentenpult, fordere Aufmerksamkeit von den Musikern durch Klopfen auf das Pult und rufe den Marsch auf: „Und nun, meine Herren, der Fehrbelliner Reitermarsch!"

Ich hebe den Stab, und als ich ihn senke, setzen die Instrumente auf Schlag ein. Es klappt bestens, und der Dicke verbeugt sich mit mir zusammen vor dem jubelnden Publikum. So dirigiere ich meine drei Märsche und bin dann im Gewühl meines enthusiastischen Publikums verschwunden.

Meine Mutter hatte nun vorgesorgt und etliche Taschen zusätzlich auf meinen Janker aufgenäht. Doch auch die reichen nicht aus, um alle Gaben zu fassen, die Kellnerinnen müssen helfen. Dann kommt mein Bruder, um aufzupassen, wo man mich hinschleppt. Hinterher erzählt er mir und meiner Mutter, was die Gäste, insbesondere die Damen, in allen möglichen Sprachen zu mir gesagt haben. – Es kamen seinerzeit ja viele Seeleute und Touristen aus aller Herren Länder nach Hamburg, die sich in den Tanzlokalen amüsieren wollten. Nach 1933 sah es damit anders aus.

So geht es einige Wochen. Wir haben für das Publikum einige Spielchen eingefügt, die mein Taktgefühl und das Erkennen von falschen Tönen besonders hervorheben. So bläst ein Trompeter zum Beispiel auffallend falsch, worauf ich sofort reagieren muß. Ich klopfe mit dem Stab die Musik ab und rüge den Missetäter laut: „Aber Herr Trompeter! Sie haben eben Moll geblasen und Dur hätte es sein müssen! Sie haben wohl schon an die Molle Bier gedacht? Also, dasselbe noch einmal, bitte!" Die Gäste johlen vor Begeisterung, und meine Einnahmen wachsen von Tag zu Tag.

Dann ist Fastnacht, die im Norden damals in Form von Maskenbällen gefeiert wurde. Die Musiker tragen deshalb Tierköpfe aus Pappmaché, Ochsen-, Schafs- oder Eselsköpfe. Für mich hat man sich einen Bärenkopf ausgedacht. Dieser wird mir aber ohne Vorwarnung über den Kopf gestülpt. Da er viel zu groß ist für mich, rutscht er mir über die Schultern, und plötzlich ist es dunkel um mich herum. Vor Angst bekomme ich keine Luft mehr in dem engen Gefängnis. Ich werfe mich auf den Boden und schreie aus Leibeskräften, bis man mir den Bärenkopf wieder abnimmt.

Kaum bin ich das Ding los, kann mich keiner mehr halten. Alle Entschuldigungen und Beschwichtigungen helfen nichts. Ich nehme meinen Janker und verschwinde von der Bühne. Nichts kann mich dazu bewegen, sie noch einmal zu betreten und zu dirigieren. Auch die Hinweise meiner Eltern auf das Geld, die Schokolade und die anderen Schnökereien können mich nicht umstimmen. – Ich bleibe hart und betrete das Tanzlokal nie mehr.

Aus: „Stöckchen-Hiebe", Reihe ZEITGUT, Band 3.

[Pfaffenhofen-Weiler, Schwaben; 1932]

Wilhelm Schäfer

„Ja, die passen doch"

Mein Vater war Kleinbauer und Weingärtner, wie es in den Dörfern im schwäbischen Unterland viele gab. Die Landwirtschaft ernährte die Familie mehr schlecht als recht, deshalb gingen Vater und die anderen Kleinbauern in den Wintermonaten zum Holzfällen in den Gemeindewald. Als die Massenarbeitslosigkeit um sich griff, durften nur noch die Arbeitslosen der Gemeinde den Holzeinschlag durchführen. So kamen die kleinen Bauern um ihren Nebenverdienst. Sie hatten wohl ihre Grundnahrungsmittel, aber oft keinen Pfennig Bares im Haus.

An einem Novembertag, ich war zwölf Jahre alt, ging der Lehrer mit uns Buben zum Sport. Wir liefen von der Schule durch die engen Dorfgassen hinunter zum kleinen Sportplatz am Bach. Die Gassen waren nur mit Steinen eingeschottert, und in den Löchern stand das Regenwasser in kleinen und großen Pfützen. Ich hatte Sandalen an, da ich keine anderen Schuhe besaß. Damit meine Strümpfe nicht naß wurden, hüpfte ich immer über die Pfützen. Als der Lehrer sah, daß ich zu dieser Jahreszeit noch Sandalen trug, meinte er: „Sage deinem Vater, er soll dir ein Paar gute Schuhe kaufen."

Daheim, beim Mittagessen, berichtete ich meinem Vater davon. Er erwiderte nichts, wurde aber nachdenklich. Nach dem Mittagessen sagte er zu mir: „Komm, wir gehen zum Schuhmacher." Mutter holte den Geldbeutel und gab Vater zögernd einen Zehnmarkschein. Das war damals sehr viel Geld. Ein Arbeiter verdiente 50 Pfennige in der Stunde. Ich ahnte, daß es das letzte Geld sein könnte, das meine Eltern im Haus hatten. In der Werkstatt des Dorfschuhmachers wurden mir dann schwarze Schnürschuhe anprobiert.

„Sie kosten zehn Mark“, sprach der Schuhmacher. Er kniete sich hin und drückte mit dem Daumen auf die Schuhe an meinen Füßen. „Ein bißchen eng“, bemerkte er, und ich spürte es auch. Aus einem Regal holte er dann ein Paar Schuhe, das eine Nummer größer war. „Die kosten elf Mark.“

Mein Vater, der neben mir stand, hielt noch immer das erste Paar in der Hand. Während der Schuhmacher mir die größeren Schuhe anprobierte, drückte und bog Vater die anderen hin und her, als wollte er sie etwas größer machen. Ich wußte, daß er die Elfmarkschuhe nicht kaufen konnte.

Vater entschied schließlich: „Wir wollen doch noch einmal die ersten Schuhe anprobieren.“

Ich schlüpfte also wieder hinein und zog diesmal meine Zehen zurück. Als der Schuhmacher erneut auf die Spitzen drückte, stellte er fest: „Ja, die passen doch.“

Stolz ging ich in den nächsten Tagen mit meinen neuen Schuhen, wenn sie auch etwas zu eng waren, zur Schule. Zu dieser Zeit ging mein Vater täglich hinaus zu unserem Baumstück. Dort grub er mit dem Spaten die Wiese um, damit er im Frühjahr ein weiteres Stück Ackerland hatte.

„Du kannst mir helfen!“ sagte Vater nach der Schule zu mir. Ich ging mit ihm zur Baumwiese. Mit meinen neuen Schuhen stieß ich den Spaten leicht in die Erde. Die Zeit verging schnell. Als die Dorfglocke vier Uhr läutete, verspürte ich auf einmal an meinem rechten Fuß Schmerzen. Es war der Fuß, mit dem ich den Spaten in die Erde gedrückt hatte. Die Schmerzen wurden immer schlimmer, ich hätte aufschreien können, doch ich biß die Zähne zusammen. Da meine Eltern für diese Schuhe ihr letztes Geld ausgegeben hatten, wollte ich mich nicht noch darüber beklagen. Auf dem Heim-

1930: Mein Vater als schwäbischer Kleinbauer mit seinem Kuhgespann.

weg hinkte ich mühsam hinter meinem Vater her. Zu Hause, im Wohnzimmer, ratterte Mutters Nähmaschine. Vater ging in den Kuhstall, um das Vieh zu füttern.

Endlich allein, konnte ich in der Küche meine Schuhe ausziehen und mir die Bescherung ansehen. Der zu enge Schuh hatte mir auf dem Fußrücken die Haut aufgescheuert, so daß das blanke Fleisch zu sehen war. Im Zorn griff ich nach einem spitzen Küchenmesser und stieß es dort, wo das Leder gescheuert hatte, in den Schuh. Ich machte einen etwa drei Zentimeter langen Schnitt. Die Spalte klaffte weit auseinander wie die aufgesprungene Schale einer reifen Kastanie. Erleichtert dachte ich: „Der verdammte Schuh kann jetzt nicht mehr drücken!“

Da ich meine Schuhe selbst putzte, erfuhren meine Eltern nie von der Angelegenheit. Wenn Mutter im Winter fragte, warum mein rechter Strumpf oft so naß sei, gab ich einfach keine Antwort.

Aus: „Stöckchen-Hiebe“, Reihe ZEITGUT, Band 3.

[Wiesedermeer, Kreis Wittmund, Ostfriesland; 1933]

Johannes Oldenettel

Neue Stiefel

Schöne, blanke Schaftstiefel waren in den zwanziger und dreißiger Jahren ein Zeichen für Ansehen, wie heute ein Stern vor dem Auto; stattlich sah so ein Kerl aus in roten Stiefeln und braunen Hosen.

Meinen Vater kenne ich nur in Klumpen (grobe Pantinen) und Manchesterhosen, immer arbeitend, immer sorgend. Tagsüber arbeitete er in einer Großgärtnerei, und danach hackte und grub er im wilden Moor, welches unser Haus umgab. Er arbeitete sieben Tage in der Woche und zwölf Stunden am Tag. Wir wohnten in einem kleinen Bauerndorf und waren eine kinderreiche Familie.

Eines Abends brachte Vater etwas ganz Besonderes mit. Stolz legte er den großen Karton auf den Küchentisch und packte ihn aus, während wir gespannt zusahen. Schöne, rote Schaftstiefel kamen zum Vorschein. Er zog sie an und stolzierte durch das Haus. Gut standen sie ihm, schick sah er aus mit seinen zweiunddreißig Jahren. Woher er die Stiefel hatte, wollte er nicht so gern sagen.

Eigentlich war Vater in dem neuen Großbetrieb als Betriebsrat gewählt und daher in der Gewerkschaft. Aber, so entschuldigte er sich, sein Direktor hätte ihm die Stiefel gegeben und ihm geraten, beim nächsten Fackelzug mitzumarschieren. Er selber sei in der Motor-SA und führe im Zug vorneweg – und so schlecht sei „die Sache“ ja auch wieder

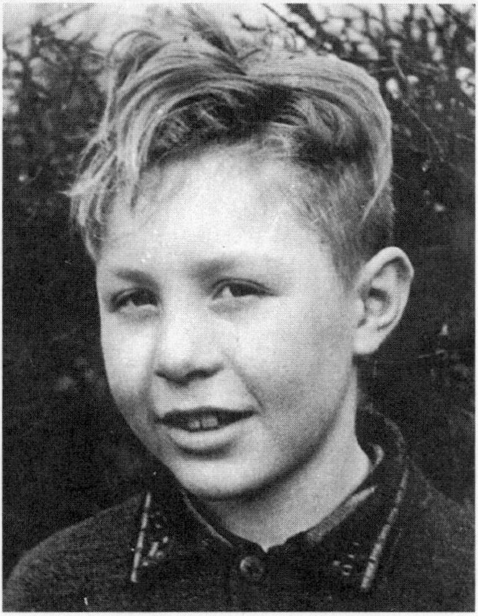

Wiesedermeer in Ostfriesland: Ich war acht Jahre alt und besuchte die einklassige Dorfschule, als 1934 ein reisender Fotograf durch unser Dorf kam und diese Aufnahme entstand.

nicht. Und jeder, der einen Arbeitsplatz habe, solle froh sein und sehen, daß er ihn behalte. Und solche Stiefel, gab Vater zu, habe er sich schon immer gewünscht, werde sie sich aber niemals kaufen können, und, nun ja, so ein bißchen marschieren sei auch nicht ungesund. Der Direktor trüge seine Stiefel sogar tagsüber in seinem Büro.

Nun mußte Vater noch eine Fackel bauen: Er nagelte die Büchse einer ausgedienten Thermosflasche auf einen Besenstiel, steckte ein Torfstück hinein und tränkte es in Petroleum. Das wird brennen, meinte er.

Als es dunkel wurde, stellte ich mich an den Straßenrand. Schon von ferne hörte ich den Marschtritt und im Takt dazu das Lied „Die Fahne hoch! Die Reihen dicht geschlossen! SA marschiert mit mutig festem Schritt ...“ Andere Leute standen neben mir und sahen schweigend zu, nur eine ältere Nachbarin hüpfte wie ein Huhn von einem Fuß auf den anderen und schrie: „Da kommen sie, die braunen Affen.“

Ihr Mann zog sie immer wieder zurück und schaffte es schließlich, sie zum Schweigen zu bringen. Zackig und stramm marschierte die Kolonne vorbei. Vaters Fackel fiel mir schon von weitem auf. Sie qualmte und stank.

Bald war das Spektakel vorbei, und ich ging nach Haus und ins Bett. Es mußte aber noch etwas passiert sein, denn am anderen Morgen lag die Fackel verbeult in der Waschküche, und Vaters Stiefel lagen geputzt und gewienert wieder im Karton.

Am Abend fragte ich ihn. Ich sah, daß Vater traurig war, und er antwortete mir: „Die Stiefel hätte ich gern behalten, aber dafür meine Kameraden von der anderen Seite zu verprügeln, das mache ich nicht mit."

Und er ging wieder in Manchesterhosen und Klumpen zur Arbeit. Die allerdings durfte er behalten, Gott sei Dank.

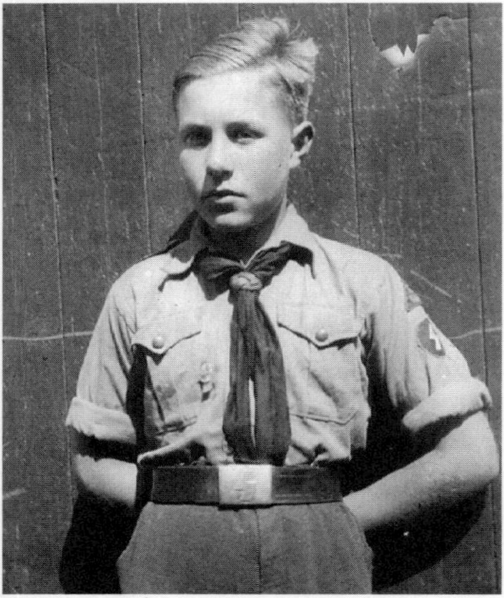

Zwei Jahre später, Sommer 1936: Mein erstes Hemd schenkte mir ein HJ-Führer und junger Lehrer in einem Dorf, 20 km entfernt, für die Bereitschaft, Pimpf zu werden und an einem Zeltlager in Haselünne teilzunehmen. Obwohl etwas dick und körperlich schwerfällig, war ich stets unternehmungslustig. Und Vater wollte mir nicht im Wege stehen…

Aus: „Pimpfe, Mädels & andere Kinder", Reihe ZEITGUT, Band 4.

[Hamburg;
1933–1939]

Hans Edmund Friedrich

Semis – sieben Schuljahre als Halbwertiger

Im vorpubertären bis in die Pubertät hineinreichenden Alter sind Menschen besonders empfänglich für Eindrücke, weil ihr eigentliches Lebensbild noch nicht geformt ist. Belastende Einflüsse treffen vor allen Dingen denjenigen hart, der im behüteten, umsorgten Elternhaus aufgewachsen ist. Es sind sicherlich keine weltgeschichtlichen Ereignisse, mit denen sich ein zehn- oder elfjähriges Gehirn beschäftigt. Eltern, andere Verwandte, das Zuhause, Schule, Freunde, die häusliche Umgebung. Doch dann ändert sich etwas im Umfeld. Teils übergangslos, teils sehr langsam, als ob das Schicksal das Kind nicht überfordern und es behutsam an Änderungen heranführen will.

Die Erwachsenen sitzen jetzt öfter vor dem Rundfunktrichter, haben ernste, gewichtige Mienen, aber antworten kaum auf die neugierigen Fragen des Kindes. Eine wesentliche äußere Änderung wird sichtbar: Im Straßenbild der Arbeiterwohngegend prangten bisher sehr unterschiedliche Farben: Fahnen, die aus den Fenstern hängen, zeigen mal gestreifte Muster, haben auf rotem Grund bestimmte Zeichen wie Hakenkreuze, drei Pfeile, Hammer und Sichel oder das bekannte Stadtwappen. Nun jedoch gibt es fast nur noch den weißen Kreis mit dem komischen behakten Kreuz.

Die erste gravierende Änderung tritt in der Schule ein. Am Montagmorgen beginnt der Unterricht zum Glück eine

Was er wohl gerade hört? Semis vor dem Detektorradio im elterlichen Wochenendhaus Anfang der dreißiger Jahre.

Stunde später als an den anderen Wochentagen. Denn in dieser ersten Stunde sind alle Klassen in der Aula zur Morgenandacht versammelt. Der Religionslehrer liest etwas aus der Bibel, bisweilen auch ein Schüler der oberen Klasse. Der Musiklehrer sitzt am Harmonium, und gemeinsam wird „Wir danken alle Gott" gesungen. Diese Prozedur erscheint den Schülern weniger anstrengend, als der Mathematik- oder Französisch-Unterricht.

Das alles wird geändert: Zwar bleibt es bei der ersten unterrichtsfreien Stunde am Montag, aber sie findet nicht mehr in der Aula statt, sondern auf dem Schulhof – bei Sonne, Wind und Regen. Ihre Bezeichnung: Flaggenparade. Ein Lehrer, der den Schülern bisher nur durch seinen dicken Bauch aufgefallen ist, sofern er nicht in einem oder mehreren Fächern unterrichtet, der außerdem ein achtunggebietendes „von" vor seinem Namen trägt, hält jetzt die Ansprache, verkleidet in ein braunes Hemd, über dem ein Querriemen den breiten Koppelgürtel hält, der sonst sicher unter den vorstehenden Bauch gerutscht wäre. „Heiß Flagge!“ brüllt er nach der zackigen Ansprache, in der viel vom Reichskanzler Adolf Hitler, Deutschlands Ehre und ähnliches, nicht gleich Verständliches, im hohen Diskant vorgetragen wurde.

Dieser Uniformierte ist nun an die Stelle des Religionslehrers getreten. Und statt des Chorals wird „Die Fahne hoch“ gesungen. Nicht nur die Fahne, auch der rechte Arm muß hochgehalten werden, wobei einige es sich leicht machen und die Fingerspitzen auf der Schulter des Vordermannes abstützen. Während des Singens wird von zwei Schülern, die inzwischen auch eine braune Uniform tragen, das Fahnentuch an der hochragenden Stange in die Höhe gezurrt. Doch das ist nur der Anfang und durchaus erträglich, vielleicht sogar recht interessant.

Nach und nach erscheint ein neuer Begriff: Jude. So ganz neu ist das Wort eigentlich nicht, denn im Religionsunterricht war ja oft die Rede vom Stamm der Juden. Die Erinnerung reicht nicht soweit, ob in der Familie bisher von Juden gesprochen wurde. Aber jetzt bildet diese Bezeichnung mehr und mehr einen Bestandteil von Gesprächen. Es beginnt mit dem Großvater, der als Jude nun fürchtet, seine gute Position zu verlieren, andere Verwandte überlegen, ob sie auswandern sollen. Dann folgen Unterhaltungen, die das Leben des jungen Menschen zwölf Jahre lang beschatten: Deine Mutter ist Jüdin und du bist folglich ein Halbjude!

Was ist das, ein halber Jude? Was bin ich denn zur anderen Hälfte? Ein Christ? Der bin ich doch sowieso, getauft und auch vorgesehen zur Konfirmation, folglich doch kein halber Christ. Was ist denn die andere Hälfte – ein Halbdeutscher? Kann auch nicht stimmen, ich bin doch ebenso wie die Eltern, Großeltern und wahrscheinlich auch Urgroßeltern in Deutschland geboren. Also einfach nur ein Halber! Semis, die Hälfte!

Aber es bleibt nicht nur bei diesen Begriffen: Die anderen, die Nichthalben und die Nichtjuden, heißen jetzt Arier. Doch Halbjude, es gibt neuerdings auch Vierteljuden, die sind besser dran, ist nicht die einzige neue Bezeichnung, abwechselnd wird er auch „Mischling ersten Grades“ genannt. Ein Wort, das bisher nur in bezug auf Hunde gebräuchlich war. An diesen Vergleich wird sich bald erinnert werden.

Nunmehr treten immer stärker Veränderungen in das Leben des jungen Menschen, nennen wir ihn ruhig Semis. Die Schule und die Schulfreunde bilden den Anfang. Ein häufiges Thema ist der Eintritt ins Jungvolk, eine Art Unterstufe der Hitlerjugend. Es dauert nicht mehr lange, und nahezu die gesamte Klasse ist dabei. Es wird zwar nicht überall positiv darüber gesprochen, manche klopfen ihm auch ermunternd auf die Schulter: „Sei froh, daß du diesen Drill nicht mitmachen mußt“, aber es sind Einzelfälle.

Ist er wirklich froh? Ein zwiegespaltenes Gefühl, ausgeschlossen zu sein. Dieses Gefühl vertieft sich bis hin zu dem Gedanken, ob da wirklich etwas Minderwertiges dran ist? Gute Freunde verhalten sich nun distanziert. Die Mutter berichtet, daß Schul„freunde“, die vor einem Jahr noch lustig auf dem Kindergeburtstag gespielt haben, sie jetzt nicht mehr auf der Straße grüßen, nicht einmal weggucken, sondern sie feindselig anstarren. Bei manchen schulischen Veranstaltungen erscheinen auch die Schüler in Uniform. Nun wird das Ausgeschlossensein auch optisch deutlich.

Die Lehrer reagieren unterschiedlich. Im Werkunterricht beteiligt Semis sich am Segelflugmodellbau. Da dieser Unterricht einen Bestandteil der Schule bildet, ist die Teilnahme auch für den Halbjuden gestattet. Mit viel Mühe – heute ist es leichter, da kauft man fertige Bausätze – wird geschnitzt, gesägt, geschnitten und lackiert, bis ein hoffentlich flugfähiges Modell vollendet ist, rechtzeitig zu einem Wettbewerb aller Schulen der Stadt. Eine große, festliche Veranstaltung, aber auch hier ist er fast der einzige „Zivilist“.

1933 in Hamburg: Semis, gerade in die Sexta aufgenommen, und Bruder Klaus (links) als Oberschüler mit Mützen, in der Mitte die Mutter.

Mühe und Fleiß des Vierzehnjährigen werden belohnt: Das Modell schwebt und schwebt und überschreitet bei weitem die Grenze für eine Ehrung. Die erfolgt dann auch im feierlichen Rahmen. Ein uniformiertes „hohes Tier" des Nationalsozialistischen Fliegerkorps ruft die einzelnen Namen auf, um mit Urkunde und Händedruck die Modellbauer zu ehren. Als der Junge als einziger ohne Uniform hervortritt, wird er angeschrien: „Warum trägst du keine Uniform?"

Zaghaft kommt die Antwort: „Ich bin nicht in der HJ."

Das Echo hätte nicht anders sein können, wenn geäußert worden wäre, er sei von der Pest befallen. Die schon hingestreckte Urkunde wird zurückgezogen.

Da aber geschieht etwas Unerwartetes. Der Zeichenlehrer der Schule, zugleich für den Werkunterricht zuständig, rennt nach vorne und tritt dem Häuptling entgegen. Klar und sachlich wird vor versammelter Mannschaft dargestellt, dieses sei keine Veranstaltung der Hitlerjugend, sondern der Schulen. – Und ein Wunder geschieht: Die Urkunde wird ausgehändigt und sogar der obligate Händedruck folgt. Das wäre wohl anders verlaufen, wenn der Grund des Nicht-in-der-

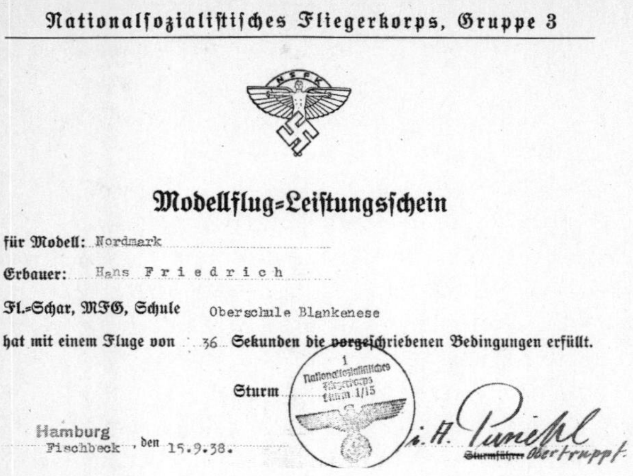

Nationalsozialistisches Fliegerkorps, Gruppe 3

Modellflug-Leistungsschein

für Modell: Nordmark

Erbauer: Hans Friedrich

Fl.-Schar, MFG, Schule Oberschule Blankenese

hat mit einem Fluge von 36 Sekunden die ~~vorge~~schriebenen Bedingungen erfüllt.

Sturm

Hamburg Fischbeck, den 15.9.38.

i. A. Purschl ~~Sturmführer~~ Obertruppf.

Urkunde für den Modellflug-Leistungsschein. Obwohl es sich um einen Wettbewerb der Hamburger Schulen handelt, ist die Urkunde vom Nationalsozialistischen Fliegerkorps ausgestellt.

HJ-Seins erläutert worden wäre. Auf der Rückfahrt im Eisenbahnabteil fragt der Zeichenlehrer mitfühlend, ob es andere Schwierigkeiten in der Familie gebe, mit den jüdischen Verwandten. Schließlich klopft er Semis mit den Worten auf die Schulter: „Ich kann mir nicht vorstellen, daß das so weitergeht, mal müssen die doch menschlich werden." – Ein zu dieser Zeit ungewohntes Zeichen von Mut!

Was sind denn überhaupt Juden? Warum sind sie anders, ist was dran an den überall auftauchenden Behauptungen, es seien „Untermenschen"? Er überprüft in Gedanken das Aussehen der Verwandten, seiner Mutter ... Wer hat denn solche Nase wie auf den Zeichnungen im „Stürmer", an dessen Aushang im Schaukasten er jeden Tag vorbeikommt?

Die Eltern geben keine Antwort, sie schimpfen nur, machen sich Sorgen um die Zukunft und hoffen, es werde alles ein gutes Ende nehmen.

In Hochform zeigt sich der weiter vorn genannte Lehrer, als der Führer-Besuch in der Stadt angekündigt wird. Unter seiner Leitung müssen alle Klassen des Gymnasiums an vorher bestimmten Stellen der Durchfahrtsstraße Stellung beziehen. SA-Männer verteilen kleine Hakenkreuzfahnen aus Papier und geben dazu die Anweisung, wenn sich die Wagenkolonne nähert, die Fähnchen zu schwenken und laut „Heil!" zu rufen. Unmittelbar am Straßenrand stehen als eine Art Abgrenzung SA-Männer, die Arme fest eingehakt, Spalier, ungefähr jeder Zehnte in umgekehrter Richtung, mit dem Gesicht zur Menschenmenge, wohl um zu prüfen, ob sich die Schüler alle an die Anweisung halten, vielleicht auch aus anderen Kontrollgründen. So erblickt Semis den in der Schule so oft zitierten und verherrlichten Reichskanzler Adolf Hitler mit ausgestrecktem Arm, im offenen Wagen stehend. Neben ihm Göring und andere Größen des Regimes sowie als Gast aus Ungarn der Reichsverweser Horthy.

Die Schule wird zur Qual. Immer häufiger sprechen die Mitschüler über die Unternehmungen bei der HJ und über die dortige Kameradschaft. Dadurch verstärkt sich die Isolierung. Um doch irgendwo mitmachen zu können, meldet er sich beim Fußballverein des Vorortes an. Auf dem Anmeldevordruck ist per Stempel unten der Zusatz vermerkt: „Arisch?" – Zwecklos!

Bei Klassenausflügen werden bis dahin unbekannte Lieder gesungen, wohl in der HJ gelernte. Eines von diesen geht Semis tief unter die Haut:

Die Juden ziehn dahin – daher
sie ziehn durchs Rote Meer.
Die Wellen schlagen zu –
die Welt hat Ruh'.

Viel zu verkraften für einen Schuljungen.

Gekürzt aus: „Pimpfe, Mädels & andere Kinder", Reihe ZEITGUT, Bd. 4.

[Nidderau-Ostheim – Hanau, Hessen; 1934]

Hans Östreich

Eine handfeste Belehrung

Als diese Geschichte passierte, war ich im ersten Lehrjahr als Schaufenstergestalter bei der Kaufhof AG in Hanau. Der Begriff Dekorateur war im Dritten Reich verpönt, wurde aber stillschweigend weiter verwendet. Um 7.01 Uhr ging mein Zug ab Ostheim. Zwischen der Ankunft in Hanau und meinem Arbeitsbeginn 8.30 Uhr lag mehr als eine Stunde. In der Mittagspause ab 12.30 Uhr konnten die überwiegend aus Hanau und der Umgebung stammenden Betriebsangehörigen bequem nach Hause gehen oder fahren. Ich jedoch stolperte zumeist zwei Stunden nutzlos in Hanau herum. Meinen Kanten Brot, den Schnippel Wurst und einen Schluck „Muckefuck" aus einer Selterswasserflasche hätte ich in gut einer Viertelstunde in den Magen befördern können.

Am Nachmittag arbeiteten wir von 14.30 Uhr bis 19 Uhr. Mein Zug fuhr aber erst um 20.41 Uhr vom Hanauer Nordbahnhof, so daß ich gegen 21 Uhr wieder in Ostheim eintrudelte. 14 Stunden war ich täglich unterwegs, die reine Arbeitszeit betrug aber nur 8 ½ Stunden. 5 ½ Stunden waren Leerlauf. Aber auch die Abteilung Dekoration mußte sich den Ladenöffnungszeiten anpassen. Daß meine Zugverbindung so miserabel war, interessierte weder die Leonhard Tietz AG noch die Nachfolgefirma Kaufhof.

Meine Vergütung war im Lehrvertrag geregelt: im ersten Lehrjahr erhielt ich monatlich 20, im zweiten 25 und im dritten Lehrjahr 35 Reichsmark. Die Schülermonatskarte, auf die auch Lehrlinge Anspruch hatten, kostete 4,40 RM. Um einen Preisvergleich anstellen zu können, sei hier vermerkt, daß zu dieser Zeit die Zigarette 3 1/3 Pfennige, das Schöppchen Bier zwischen 15 und 20 Pfennige kostete. Die billigste Krawatte konnte man für 28 Pfennig erwerben, Herrenoberhemden gab es ab zirka 3 RM, einen Herrenanzug, reine Wolle, mit langer Hose und modischen Knickerbocker, ein Sonderangebot, konnte ich im Saison-Schlußverkauf für 29,95 RM erstehen. Den Betriebsangehörigen wurden auf alle Einkäufe 10 % Rabatt gewährt.

Im Keller des Kaufhauses befanden sich nicht nur die Läger der Verkaufsabteilungen, sondern auch die Personalgarderoben, eine kleine Betriebsschlosserei, die Expedition, die Plakatmalerei und die Dekoration. Alle Schaufenster waren durch Bodenluken vom Keller aus erreichbar.

Die ersten drei Monate der Lehre galten als Probezeit. Anfangs stellte ich mich nicht allzu geschickt an und hörte von meinem Chef etliche böse Worte. „Hans, hol mal Wasserglas!“ wurde ich losgeschickt – und brachte ihm eins aus der Haushaltsabteilung im 2. Stock, freilich erst nach einigem Hin und Her und nachdem ich die Materialanweisung unterschrieben hatte. Ich sei der größte Idiot des Jahrhunderts ... mein Chef brüllte so laut, daß die Schaufensterscheibe vibrierte. Woher sollte ich denn wissen, daß es ein Klebemittel gibt, das ebenso heißt?

Ich atmete auf, wenn die Woche herum war. Am Montag ging ich beklommen in das neue „Sechstagerennen“.

Nach etwa einem halben Jahr trat ein Wandel ein. Auf einmal klappte bei mir alles viel besser. Ich schnitt keine Latte und kein Brett mehr zu kurz oder zu lang, mein Tun fand Anerkennung. Vom Chefdekorateur und auch von den anderen hörte ich kaum noch ein Schimpfwort. Der Beruf des Dekorateurs begann mir richtig Freude zu machen.

Montagvormittags besuchte ich in die kaufmännische Berufsschule. Eine Schule für Dekorateure oder artverwandte Berufe gab es nicht. Ein Dekorateurlehrling des Kaufhauses Hansa, später Hertie, der mit mir in eine Klasse ging, fand nach einem Jahr heraus, daß in der Gewerblichen Berufsschule Hanau eine „gemischte Klasse" existierte, in der Buchdrucker, Setzer, Lithographen etc. zusammengefaßt waren. Im Einverständnis mit unseren Geschäftsleitungen meldeten wir uns um. Hier hatten wir auch Unterricht im Fachzeichnen. Ich darf mit Stolz behaupten, daß ich von da an stets das klassenbeste Zeugnis präsentieren konnte.

Als ich noch die kaufmännische Berufsschule besuchte, wurde über die Deutsche Arbeitsfront*) ein Lehrgang in Stenographie angeboten; zwanzig Doppelstunden für 8 RM, abends nach Geschäftsschluß. Kurzschrift zu beherrschen, interessierte mich stark. Ich meldete mich an, kam auch an den ersten beiden Abenden ganz gut mit. Dann aber bekam ich Schwierigkeiten. Ich stellte fest, daß die meisten Lehrgangsteilnehmer diesen Anfängerkurs schon zum zweiten oder gar zum dritten Male absolvierten und daher schneller begriffen. Ich blieb also weg. Das fiel mir nicht schwer, zumal ich die Teilnehmergebühr noch nicht entrichtet hatte. Diese war aber zwischenzeitlich fälliggeworden und wurde bei mir schriftlich angemahnt. Das nahm ich nicht ernst. Anders die Deutsche Arbeitsfront.

Eines Vormittags klingelte beim gemeinsamen Frühstück das Telefon in der Deko-Abteilung. Herr Östreich wurde von der Deutschen Arbeitsfront zu sprechen gewünscht. Ich rief ein „Hallo!" in die Sprechmuschel, vernahm aber keine Antwort. Das Gespräch war noch nicht verbunden.

---

*) Nationalsozialistischer Einheitsverband der Arbeitgeber und Arbeitnehmer, wurde nach der Zwangsauflösung der Gewerkschaften am 10. Mai 1933 im Rahmen der Gleichschaltungspolitik gegründet. Als „angeschlossener Verband" war die DAF ein politisches und wirtschaftliches Machtinstrument der NSDAP. 1938 zählte sie 23 Mio. Mitglieder.

Die Mitarbeiter der Dekorationsabteilung im Kaufhof Hanau 1933. Oben links steht Ernst Rohde, der noch geduldete jüdische Stift im zweiten Lehrjahr, rechts daneben ich, damals im ersten Lehrjahr.

Den mich neugierig anschauenden Kollegen erklärte ich beiläufig: „Die Arschlöcher werden die acht Mark haben wollen ..." Just in diesem Moment war von der Telefonzentrale geschaltet worden, und der Arbeitsfront-Bürobeamte hatte mein „Kompliment" mitgehört.

„Was haben Sie da eben gesagt? Was fällt Ihnen ein, Sie Schnösel?" schallte es durch den Telefonhörer.

Ich muß kreidebleich gewesen sein, und an meinem Gestotter haben die Kollegen wohl gemerkt, daß etwas äußerst Unangenehmes passiert war. Er werde diesen Vorfall meiner Geschäftsleitung melden, insbesondere dann, wenn ich meine Schuld nicht heute noch begleichen würde. Dies versprach ich, obgleich ich gar keine 8 RM in der Tasche hatte.

Noch keine halbe Stunde war vergangen, als ich telefonisch in die Geschäftsleitung zitiert wurde. Dort warteten auf mich nicht nur Geschäftsführer Clemens Glasmacher und die Büro- und Personalchefin Fräulein Röth, sondern auch der uniformierte Betriebsobmann Klein war zugegen. Was ich mir denn da erlaubt hätte, eine Parteiorganisation des Führers als „Arschlöcher" zu titulieren! Mit dieser Unverschämtheit hätte ich die ganze Firma in Mißkredit gebracht!

„Dich müßte man auf der Stelle hinauswerfen!", schrie gar der Herr Betriebsobmann. Herr Glasmacher und Fräulein Röth wollten offenbar so weit nicht gehen.

Mit 8 RM Vorschuß von der Hauptkasse ausgestattet, mußte ich auf der Stelle den Weg zur Arbeitsfront antreten. Die für mich in Frage kommende Dienststelle befand sich nur um die Ecke im 1. Stock eines Geschäftshauses. Auf mein Anklopfen kam ein laut vernehmbares „Herein!"

Hinter einem schalterähnlichen Aufbau schien der Bedienstete, ein Zivilist, schon förmlich auf mich gewartet zu ha-

Das bin ich als Hitlerjunge 1935.

ben. Mein freundlich lautes „Heil Hitler!", die Nennung meines Namens und den Grund meines Hierseins, nämlich die Lehrgangskosten für den Stenokurs entrichten zu wollen, schienen bei meinem Gegenüber einen guten Eindruck bewirkt zu haben. Ich möge doch bitte einen Augenblick Platz nehmen, wurde mir lächelnd und jovial bedeutet, während der Herr den Raum verließ.

„Na", dachte ich, „hier läuft doch alles prima!"

War ich froh, diese unangenehme Episode alsbald hinter mich gebracht zu haben. Pustekuchen!

Es dauerte schon beängstigend lang, bis der DAF-Mann endlich zurückkam und mich, noch immer sehr nett, aufforderte, ihm bitte zu folgen. Er geleitete mich durch die Tür in einen anderen Büroraum und von dort aus durch eine weitere Tür in einen längeren Gang, an dessen Ende von meinem Begleiter abermals eine Tür geöffnet und ich zum Eintreten gebeten wurde. Ein quer im Zimmer stehender Tisch versperrte meinen Weg. Stutzig geworden, wollte ich mich nach meinem Begleiter umsehen, doch ehe ich die Situation richtig begriff, hatten mich die Arme von zwei baumlangen, in schwarzer SS-Uniform steckenden Kerle auf den Tisch niedergedrückt, und mit Schlagstöcken versohlten sie mir kräftig mein Hinterteil. Das tat sehr weh. Noch mehr aus Angst schrie ich wie ein Berserker, bis die SS-Hünen nach etwa 15 bis 20 Schlägen aufhörten und mich wieder dem „jovialen" DAF-Mann überließen. Diesem mußte ich versprechen, niemals wieder etwas derart Ungehöriges über die Deutsche Arbeitsfront zu äußern, sonst würde es mir wesentlich schlechter ergehen. – In dieser Situation hätte ich wohl alles versprochen!

Gegen Quittung wurden mir meine acht Mark abgenommen, und mit einem nochmals kräftigen „Heil Hitler!" verließ ich fluchtartig diese Stätte.

Aus: „Getäuscht und verraten", Reihe ZEITGUT, Band 16.

[Konikow bei Köslin*), Hinterpommern;
Frühjahr 1939]

Gisela Schoon

Unbedachte Provokation

Es war im Frühjahr des Jahres 1939. Wir jungen Mädchen im kleinen hinterpommerschen Dorf Konikow freuten uns auf unsere Konfirmation. Es sollte ein Festtag im Familienkreis werden, an dem wir im festlichen Kleid im Mittelpunkt stehen würden. Gedanken um die Aufnahme in die Kirchengemeinde bewegten uns natürlich auch.

Aber in meinem blondbezopften Köpfchen schwirrten noch ganz andere Gedanken. Ein junger Lehrer, der seit einiger Zeit Lebenskunde (Biologie) unterrichtete, streute aufrührerische Thesen gegen die kirchliche Autorität in die offenen Kinderherzen. Seine mitreißende, dynamische Ausstrahlung verfehlte ihre Wirkung nicht. Ich nahm jedes seiner Worte tief in mich auf, ja im Verborgenen schwärmte ich geradezu von ihm. In mir erwachte ein ganz neues Gefühl, das Gefühl des Stolzes und jugendlicher Überlegenheit über Alter und Tradition.

Mit 12 Jahren hatte ich die Aufgabe übernommen, die Jungmädelschaft des Ortes zu führen, mit 13 Jahren wurde ich Scharführerin. Ich gab mir viel Mühe, die 10- bis 14jährigen Kinder zu begeistern. Im Winter wurde Spielzeug gebastelt für bedürftige Kinder, in der wärmeren Jahreszeit unternahmen wir Wanderungen in die Wälder, suchten und be-

*) heute Konikowo bei Koszalin in Polen

stimmten Pflanzen und veranstalteten Schnitzeljagden. Lieder und fröhliche Spiele bildeten den Hauptanteil der „JM-Dienste". Für gute Zwecke wurden Theatervorführungen eingeübt. Die Themen der Politischen Schulung waren vorgegeben, dabei sollten sich die Kinder Namen und Daten einprägen.

Bestärkt durch die Thesen meines Lehrers, bestellte ich an einem Sonntagvormittag zur Kirchzeit die Jungmädelschar auf den Schulhof, was hier bisher undenkbar war und Anstoß erregen mußte. Ein Waldspaziergang stand auf dem Plan, selbstverständlich in Jungmädel-Uniform: Halbschuhe, weiße Kniestrümpfe, dunkelblauer Rock, weiße Bluse mit Schlips und Knoten. Zu zweien aufgestellt ging es im Gleichschritt mit fröhlichen Liedern auf den Lippen über die Dorfstraße:

Im Frühtau zu Berge wir gehn, fallera,
es grünen die Wälder und Höhn, fallera.
Wir wandern ohne Sorgen singend in den Morgen,
noch ehe im Tale die Hähne krähn.

Ihr alten und hochweisen Leut', fallera,
ihr denkt wohl, wir sind nicht gescheit, fallera.
Wer sollte aber singen, wenn wir schon Grillen fingen,
in dieser herrlichen Frühlingszeit!

Werft ab alle Sorgen und Qual, fallera,
und wandert mit uns aus dem Tal, fallera.
Wir sind hinausgegangen, den Sonnenschein zu fangen,
Kommt mit und versucht es auch selbst einmal!

Laut und frisch ließen die Mädchen ihre Lieder erschallen, vorbei an den Kirchgängern, die empört die Köpfe schüttelten, vorbei am Friedhof, auf dessen Erhebung die Dorfkirche zum Gottesdienst lud.

Der alte Hauptlehrer sprach die Gruppe an: „Sagt mal, müßt ihr wirklich so marschieren? Ihr seid doch Mädchen!"

Das bin ich als Jungmädel mit 12 Jahren 1938.

Die Reaktion des Pfarrers, der auf seinem Gang zur Kirche die Gruppe sah und hörte, war hart: „Ich werde diese Jungmädelführerin nicht konfirmieren, ihr Verhalten ist in höchstem Maße ungehörig und provozierend."

Das hatte ich nicht gewollt!

Meine Mutter wurde bestellt. Sie nahm mich in Schutz: „Herr Pastor, die Gisela hat gewiß nur unbedacht gehandelt und nicht bewußt gegen die Kirche. Sie wissen doch, wie die Jugend heute beeinflußt wird. Bitte, seien Sie nicht so streng."

Der Pastor rang mit seiner Entscheidung. Seine pädagogische Klugheit siegte. Er konfirmierte mich.

Aus: „Heil Hitler, Herr Lehrer!", Reihe ZEITGUT, Band 13.

[Finsterwalde, Niederlausitz;
1942 – März 1945]

Gretel Hardeland

Lazaretteinsatz

Bei Kriegsbeginn war ich 10 Jahre alt. Abgesehen davon, daß mein Vater gleich zu Beginn eingezogen wurde, merkten wir Kinder nicht allzuviel vom Kriegsgeschehen. Auffallend war nur, daß in den ersten Monaten ständig Sondermeldungen im Radio über die Erfolge der deutschen Wehrmacht berichteten, und alle Leute um uns herum jedesmal in Jubel ausbrachen. Es war zwar Verdunkelung angeordnet, aber es gab bei uns in der Niederlausitz keinen Fliegeralarm und auch sonst kaum irgendwelche Störungen.

1942 änderte sich das. Unser Krankenhaus wurde von allen Patienten geräumt und als Reservelazarett eingerichtet. Wir 13jährigen waren alle bei den Jungmädeln und wurden gefragt, wer „Lazaretteinsatz" machen wollte, zwei bis dreimal wöchentlich nach der Schule.

Meine Freundinnen und ich meldeten uns sofort. Wir machten Einkaufsdienst für die Verwundeten, deren Wünsche von Briefpapier und Büchern über Rasierklingen bis zu Sauerkraut oder Spreewälder Sauren Gurken reichten. Wir gaben uns viel Mühe, auch die unmöglichsten Wünsche zu erfüllen, was mit der Zeit immer schwieriger wurde. Mein Großvater hatte ein Schreibwarengeschäft, so daß ich das später so knappe und heißbegehrte Briefpapier immer noch bekam. Nach und nach wurde den meisten Mädeln die Einkauferei zu mühselig, bis wir schließlich nur noch drei waren, und als meine beiden Freundinnen ins Pflichtjahr mußten, blieb ich allein übrig.

Ich gebe zu, daß ich anfangs nicht viel über den Sinn des Krieges und den damit verbundenen Verwundungen und Schmerzen nachgedacht habe, schließlich hörten wir überall, in der Schule, zu Hause, im Radio, bei der HJ, daß der Krieg für Deutschland notwendig sei. Dann kam der schreckliche Winter 1942/43, als der Rückzug der deutschen Truppen im Osten begann und immer mehr Verwundete mit immer schlimmeren Verletzungen, Erfrierungen, Verbrennungen ins Lazarett eingeliefert wurden. Und diese armen Kerle waren meist nur wenige Jahre älter als ich. Von da an begann mein Unterbewußtsein zu arbeiten.

Bisher war es mir gelungen, fröhlich und unbefangen in die Krankenzimmer zu gehen und, eher unbewußt, ein bißchen Optimismus zu verbreiten. Familienväter erzählten mir von ihren Kindern, junge Soldaten halfen mir bei den Hausaufgaben oder erzählten mir den Inhalt von Filmen, die ich noch nicht sehen durfte. Bis dahin ging es noch ziemlich ruhig und locker zu; die meisten waren verständlicherweise froh, auf absehbare Zeit erstmal „in der Etappe" zu sein.

Eines Tages aber ging ich, wie üblich, zum ersten Bett links neben der Tür und wollte einen neu eingelieferten jungen Mann begrüßen. Lächelnd hielt er mir seine beiden, mit Gaze nur leicht verhüllten Hände entgegen mit den Worten: „Drück sie nur noch mal, sie spüren nichts mehr, morgen sind sie sowieso ab!"

Ich kannte zwar schon Frostbeulen an Zehen, aber so entsetzt war ich noch nie – beide Hände waren bis über die Handgelenke erfroren! „Schwarz wie Johannisbrot", dachte ich.

Er fragte nur noch: „Habe ich dich erschreckt?"

Wie konnte er das nur so gefaßt ertragen? War es ein Schock, oder bekam er Medikamente?

Das nächste schlimme Erlebnis ließ nicht lange auf sich warten. Ein junger Soldat, Anfang zwanzig, saß stundenlang im Flur der Station am Klavier und spielte wunderschön, Klassik, Schlager, eigene Kompositionen. Alle Türen standen offen, es war, als ob es allen ein bißchen besser ging, wenn sie die Musik hörten. Ich besorgte ihm alle Notenbücher, die er sich wünschte, „klaute" sogar aus dem Notenständer meines Vaters ein Heft mit dem Lieblingslied des Soldaten, das es nirgends mehr zu kaufen gab.

Eines Tages war sein Bett leer. Auf meine Frage, ob er entlassen sei, sagte man mir, er sei bei einer nochmaligen Operation verstorben. Er war von seinem eigenen Panzer angefahren worden und trug eine schwere Bauchverletzung davon. Es war ein Wunder, daß er sich noch so bewegen konnte. Hatte ihn die Musik so lange am Leben gehalten?

Und schließlich die Geschichte von den Veilchen, an die ich in jedem Frühjahr denke, wenn sie vor meinem Hause zu blühen beginnen. 1944, als der Rückzug der deutschen Truppen in vollem Gange war, wurde ein Pionier eingeliefert, der als letzter hinter seiner Einheit eine Brücke sprengen mußte und von der eigenen Sprengladung erfaßt worden war. Sein rechtes Bein und sein rechter Arm waren vollständig, der linke Arm zur Hälfte amputiert, außerdem hatte er durch die Splitter das Augenlicht verloren. Seine Mutter kam angereist und saß Tag und Nacht an seinem Bett, keiner konnte mehr viel für ihn tun.

Ich zerbrach mir den Kopf, wie ich ihm eine kleine Freude machen könnte, ihm nützten nun wirklich kein Briefpapier oder saure Gurken mehr, womit ich vielen ihr Los hier erleichtern konnte. Schließlich fand ich im Garten die ersten Veilchen, pflückte einen großen Strauß und lief damit ins Lazarett. Die Mutter des Schwerverwundeten hielt ihm den duftenden Gruß vor's Gesicht und erklärte ihm, daß das junge Mädchen, dessen Stimme er oft gehört hatte, die Veilchen für ihn gepflückt hätte. Sagen konnte er nichts, atmete nur immer wieder ganz tief ihren Duft ein.

Am nächsten Tag kam ich gerade noch dazu, wie seine

Mutter seine Sachen einpackte, er war kurz zuvor für immer eingeschlafen. Der Veilchenduft war das letzte und das schönste, was er noch hatte wahrnehmen können.

Einige Zeit nach diesem Erlebnis schrieben wir in der Oberschule einen Aufsatz zum Thema: Ein Feldpostbrief an einen unbekannten Soldaten unter dem Gedanken „Ehre und Treue gebieten mir, die Heimat zu schützen“.

Ich hatte in all meinen bisherigen acht Schuljahren nur so viele Rechtschreib- und Kommafehler gemacht, daß ich sie wirklich hätte an beiden Händen abzählen können, man mag es glauben oder nicht, dafür hatte ich eben andere schwache Fächer. Zu diesem Aufsatzthema bekam ich in zwei Stunden zwei knappe Schulheftseiten zusammen, in jeder Zeile waren ein bis zwei Fehler, dazu die „Note 6“ mit der Bemerkung: „Thema verfehlt“.

Ich weiß nicht, wie ich dazu gekommen bin, ich muß irgendwie „weggetreten“ gewesen sein. Waren es die Bilder vom Lazarett, die mich unbewußt beeinflußten?

Im Lazarettalltag gab es aber hin und wieder auch heitere Erlebnisse. Es gab da einen Verwundeten, beinamputiert, Freiwilliger, noch nicht ganz 18 Jahre. Kaum einberufen, ging’s an die Front, wo er sofort schwer verwundet wurde. In die Heimat zurückgekehrt, ins Lazarett, konnte er gar nicht so schnell verarbeiten, was da alles passiert war. Am liebsten hörte er von mir, was in der Schule los war, half mir bei den Matheaufgaben und anderem.

Für mich war wichtig, daß er ins Kino gehen durfte, als Soldat natürlich auch in die Filme „über 18“. Darum beneideten wir Kindsköpfe ihn alle. Meine Freundinnen und ich wurden des öfteren aus dem Kino hinausgeschmissen, da halfen auch keine Brillen, Stöckelschuhe oder aufgesteckten Haare.

Eines Tages nun gab es den Film „Illusion“, für Jugendliche unter 18 nicht zugelassen. Der junge Soldat ging hin, und am nächsten Tag erzählte er mir völlig aufgelöst: „Also,

Mein Vater, mein kleiner Bruder Horst und ich im Sommer 1944 zu Hause in Finsterwalde, Niederlausitz.

weißt du, sowas habe ich noch nie gesehen. Stell dir vor, die haben sich doch immerzu geküßt, immer wieder, alle paar Minuten! Gibt's denn so was!“

Er war noch eine ganze Weile richtig empört.

Ein Schuljunge, 17 Jahre alt, durfte in den Krieg ziehen, durfte sein Bein verlieren, durfte „verbotene Filme“ sehen, also „ein Mann“ sein. Im Herzen aber war er noch ein halbes Kind geblieben, der noch nicht mal die erste Liebe erlebt hatte und fassungslos war, wenn sich zwei Verliebte küßten. Damals habe ich das genausowenig begriffen wie der junge Soldat; mit meinen 15 Jahren hatte ich ebensowenig Ahnung vom Küssen wie er. Als ich Jahre später den Film mit der herrlichen Musik von Franz Grothe zu sehen bekam, war ich zwar sehr beeindruckt, aber die „viele Küsserei“ fand ich gar nicht so schlimm.

Nach Weihnachten 1944 brach unter dem ohnehin knappen Pflegepersonal eine Grippewelle aus, die Schwestern waren hoffnungslos überfordert. Der Chefarzt, ein Finsterwalder und in Friedenszeiten Hausarzt meines Großvaters, bat unseren Schulleiter, die älteste Mädchenklasse vom Unterricht zu befreien und zu Hilfsarbeiten ins Lazarett zu schicken. Dazu muß man wissen, daß nur noch die Mädchen vom Jahrgang 1929 in der Schule waren, es war ein Gymnasium für Mädchen und Jungen, alle übrigen Schüler und Schülerinnen waren als Marinehelfer oder zum „Ostwall-Schippen“ eingezogen.

Wir marschierten also hin. Die Oberschwester kannte mich ja schon, sie war ebenfalls grippekrank und heilfroh, daß ich schon gut Bescheid wußte. Sie überließ mir und ein paar anderen Mädchen die Küche, das Putzen in den Zimmern und anderes mehr. Wir kochten, schrubbten, wickelten Binden und waren eigentlich gar nicht böse, daß wir nun absolut keine Zeit mehr für die Schule hatten.

Ein paar Tage später bin ich kurz vor der Chefvisite noch in einem Krankenzimmer beim Ausfegen. Der Herr Oberstabsarzt kommt herein, sieht mich, erkennt mich natürlich als Enkelin von seinem Bekannten und früheren Patienten und fragt ziemlich ungehalten: „Was machst du denn hier?“

Ich stehe stramm, präsentiere meinen Besen wie ein Gewehr und antworte ganz zackig: „Ausfegen, Herr Oberstabsarzt!“ Die sechs Zimmerinsassen lachen sich krumm.

Er fragt, wie alt ich sei. Nicht minder zackig kommt meine Antwort: „16 Jahre und drei Tage, Herr Oberstabsarzt!“

Der Doktor explodiert förmlich, er habe die oberste Mädchenklasse verlangt, aber keine 16jährigen Küken. Als ich ihm klarmache, wo die „Ältesten“ sind, sieht er mich fassungslos an.

Da nun wirklich Notstand herrschte, durften wir weiter die Küche versorgen, nur nicht mehr in den Zimmern herumwirtschaften, damit wir „nicht verdorben“ würden.

Ende Februar 1945 wurde das Reservelazarett über Nacht nach Dänemark verlegt. Die Front war schon bedrohlich nahe, und aus unserem Krankenhaus wurde ein Feldlazarett. Da ich von dem nächtlichen Abtransport nichts wußte, ging ich am nächsten Tag wie üblich zum Lazarett, nicht ahnend, daß bereits Frischverwundete von der Front angekommen waren. Ich kam in den ersten Saal, da standen die Verwundeten, Bett an Bett, in zerfetzten, blutigen Uniformen, alle mit durchbluteten Kopfverbänden, noch unversorgt. Ich sah keine Bewegung, hörte kein Wort, kein Stöhnen, kein Rufen, überall nur Blut und Schmutz. Ich war schockiert. Zwar hatte ich in all den Jahren viele Schwerverletzte gesehen, Amputierte, Verbrannte, Erfrorene, aber es war eben ein „Etappen-Lazarett", alle waren versorgt, gepflegt, gehegt. Und das war nun „Front".

Ich machte kehrt, rannte verstört davon, rannte bis nach Hause, ich konnte nicht fassen, was ich gesehen hatte. In mir war nur noch blankes Entsetzen, daß Menschen einander so Grausames antun konnten. Was stand uns da noch bevor?

Ich habe das Feldlazarett nie wieder betreten. Knapp zwei Monate später waren wir auf der Flucht.

Leicht gekürzter Beitrag aus: „Wir wollten leben", Reihe ZEITGUT, Bd. 5.

[Hamburg;
Sommer 1942]

Heimo Gericke

Eigentlich waren Ferien

Die Zellentür fiel dumpf ins Schloß. Dann Schritte, die sich entfernten. Hart klangen sie, zackig und irgendwie hohl – immer leiser werdend. Auf einmal Stille.

Werner schaute sich um. Er war nicht allein. Auf der unteren Pritsche saß jemand. Fast belustigt musterte der den Neuen, hob seinen Arm und wedelte mit ausgestrecktem Zeigefinger ein paarmal in der Luft hin und her.

„Du auch hier wegen Badideldau?“ fragte er. – So begrüßten sich damals die Swingfans. – „Wo haben sie dich denn erwischt? Wie lange hast du gekriegt?“

Doch Werner war nicht zum Reden zumute. Müde kroch er auf die obere der beiden Pritschen im Raum. Schräg unter sich entdeckte er einen groben Holztisch und zwei Hokker, dem einen fehlte ein Bein. Gegenüber an der Wand ein Bord mit Blechtellern und ebensolchen Bestecken. Fallada fiel ihm ein: „Wer einmal aus dem Blechnapf frißt“. Das Buch war übrigens verboten. Neben dem Zelleneingang das Klo – ohne Tür! So also sah es im Knast aus.

Werner drehte sich auf den Bauch und blinzelte durch das verwitterte Fenster. „Keiner darf sich am Fenster sehen lassen, wir schießen sofort“, klang ihm noch die Drohung des SS-Wachoffiziers in den Ohren. Gerade erhaschte Werner noch ein Stück blauen Himmels und hörte draußen einen Vogel singen. Da plötzlich brach es aus ihm heraus. Werner flennte und schluchzte hemmungslos, obwohl ein deutscher Junge nicht weinte!

Aber seine Verhaftung, das Verhör, das Abführen in Handschellen, die Fahrt in der „Grünen Minna", in der es so schrecklich nach Chlor stank, sowie die ausgefallene Ferienreise – das alles war doch zuviel für seine gerade 17 Lenze.

Plötzlich spürte Werner eine Hand auf seiner Schulter.

„Mensch, das hab' ich auch durchgemacht", sagte sein Mitbewohner, Kurt hieß er übrigens, „aber das haben die Schweine gar nicht verdient, diese Mistkerle mit den ewig blanken Stiefeln. Bloß, weil denen unsere Musik nicht paßt."

Auf einmal spürte Werner eine angenehme Wärme, wischte sich die Tränen mit dem Handrücken ab und setzte sich auf.

„Haben sie dich auch erwischt wegen Swing und so?" fragte Kurt noch einmal.

Werner nickte, und auf einmal, wie aus einem inneren Zwang, begann er zu erzählen. Langsam und stockend, so, als müßte er sich jede einzelne Begebenheit noch einmal genau vor Augen halten:

Es war im März gewesen. Sie hatten sich alle bei Klaus getroffen: Georg, Werner und die beiden Mädchen aus der Tanzstunde. Abschiedsstimmung lag in der Luft, denn Werners Freunde hatten schon ihren Einberufungsbefehl in der Tasche. Ab zur großdeutschen Wehrmacht! Kein Wunder, daß sie heute nochmal ordentlich auf die Pauke hauen wollten. Das Koffergrammophon und die englischen Platten hatte Werner mitgebracht. Astreiner Swing, das Feinste vom Feinen. Musik, die als „Feindmusik" den Braunen und Schwarzen gleichermaßen verhaßt und damit verboten war.

Entzückt lauschten die fünf den Klängen von Artie Shaw, Fats Waller, Nat Gonella, Louis Armstrong und anderen Swing-Größen. Ein in die Schallöffnung gestopfter Strumpf dämpfte den Klang. Kein Laut durfte nach außen dringen. Vorsicht, „Feind" hört mit! Leise dudelten sie den „Flat foot floogie" und hotteten dabei um den Tisch herum. Die Idee, von allen dabei Fotos zu machen, war übrigens, wie sich später herausstellte, eine echte Schnapsidee, die allen Beteiligten noch zum Verhängnis werden sollte.

Wochen waren vergangen. Die Sommerferien hatten begonnen. Die Koffer waren gepackt. Die Urlaubsreise mit den Eltern war gebucht. Da standen sie eines Morgens vor der Haustür: zwei Herren im hellen Staubmantel und blauen Schlapphüten. Werner hörte nur das Wort Gestapo, während seine Mutter die unheimlichen Besucher ins Wohnzimmer komplimentierte. Werner durchfuhr ein eisiger Schreck. Was wollten die Männer? Ob die wegen Swing...?

Natürlich, die Liesel aus dem vierten Stock hatte neulich ja auch schon zum Verhör gemußt. Er sprang auf, griff sich die englischen Schallplatten, die im Plattenständer aufgereiht waren, und schob sie blitzschnell unter das Bettlaken, dann vorsichtig zurück ins Bett und abgewartet.

Da wurde auch schon die Tür aufgerissen. Mit steinerner Miene hielt der eine Gestapomann Werner dessen eigenes Foto vor die Nase und fragte auch noch: „Sind Sie das?“

Werner leugnete nicht. Wo hatte der bloß das Bild her? Zum Überlegen war jedoch keine Zeit.

Er wüßte ja Bescheid, bellte der Gestapomann. Und weiter: „Los, anziehen und mitkommen. Die Zahnbürste können Sie gleich mitnehmen!“

Also mehr als nur ein Verhör?

Während Werners Mutter noch fassungslos etwas von seelischen Daumenschrauben murmelte, führten die Männer ihren Delinquenten ab zum unten wartenden Wagen. Das mit den Daumenschrauben hatten sie, Gott sei Dank, nicht mehr gehört. Die Fahrt ging hinaus zur Stadthausbrücke, dem Hauptquartier der Gestapo. Ein graues Gebäude mit Treppen, Fluren, Uniformen und Zimmern. Vielen Zimmern. Schließlich einem mit der Aufschrift „Swing“.

„Aha“, dachte Werner, und ihm wurde mulmig zumute, als er mit seinen Begleitern eintrat.

Hinter einem Schreibtisch saß ein uniformierter Riese und blökte gleich los: „Noch so ein Swing-Heini. Na, dem werden wir auch noch die Hammelbeine langziehen! Wir kriegen euch nämlich alle, auch die Dämchen“, und dabei verzog er verächtlich den Mund. Dann wollte er alles wissen, was damals bei Klaus passierte, was gegessen, was getrunken wurde, ob es zu Zärtlichkeiten und „Schlimmerem“ gekommen sei.

Die Fragen drangen wie Hammerschläge auf Werner ein, der sich jedesmal unwillkürlich duckte. „Natürlich nicht“, stotterte er. Nur die Platten, ja, die gehörten ihm. Und jetzt entdeckte er auch die verräterischen Fotos, die Klaus gemacht hatte. Aufgereiht lagen sie auf dem Schreibtisch.

Auf einmal fiel es Werner wie Schuppen von den Augen. Hatte Liesel ihm nicht erzählt, daß die Gestapo auf der Jagd nach verfänglichen Swingfotos Stichproben in Hamburger Fotogeschäften machte? Na klar, so hatte man auch sie erwischt. Name und Anschrift des Auftraggebers waren da schnell ermittelt und nach seinem Verhör auch die anderen Personen auf den Fotos ausgemacht. So nahmen die Dinge ihren verhängnisvollen Lauf.

Werner schreckte aus seinen Gedanken auf, als der Riese plötzlich losdonnerte: „Während die Väter an der Front ihr Leben für den Endsieg einsetzen, tanzen ihre Söhne und Töchter in der Heimat Swing!“

Werner wagte nicht zu widersprechen, starrte nur auf den Schrank in der Zimmerecke, auf dem sich massenweise beschlagnahmte Schallplatten stapelten. Ob sich der Gestapomensch die wohl heimlich zu Hause abends anhörte?

Endlich das Urteil: zwei Wochen Schutzhaft. Begründung: anglophiles Verhalten und Kollaboration mit dem Feind.

Einige Stockwerke tiefer befand sich der sogenannte Spiegelsaal. Ringsum standen Bänke an den Wänden, auf denen die Verhafteten saßen, alle mit dem Gesicht zur Wand. In der Mitte, hinter einem gewaltigen Schreibtisch der Aufsichtsbeamte. Schweigend warteten alle auf den Abtransport.

Sprechen war verboten. Nach einer endlosen Weile wurde Werner aufgerufen: „Schutzhaftgefangener Müller!“ Mit müden Schritten schleppte er sich in den angrenzenden Raum. Dort standen schon viele, immer zu zweit nebeneinander. Doch was jetzt geschah, sollte Werner für immer im Gedächtnis bleiben:

Ein langer SS-Mann trat auf ihn zu, und ehe er sich versah, klickten die Handschellen. Was sollte das alles? Was hatte er denn eigentlich getan? Doch schon zerrte ihn der Uniformierte mit auf den Hof zu den anderen. Dort stand schon die „Grüne Minna“, der Gefangenenwagen, bereit, ihn und die anderen „Volksfeinde“ in ihr neues, karges Quartier zu befördern. Endstation Fuhlsbüttel. Und draußen schien die Sonne. Wie gesagt, eigentlich waren Ferien.

„Rrraustreten!“ gellte es plötzlich durch den Flur.

Werner und Kurt fuhren hoch. Die Schlüssel rasselten, die Türen öffneten sich, draußen mußten sie sich wieder hinstellen, mit dem Gesicht zur Wand. Hofgang war angesagt, immer schön einer hinter dem anderen. Und bloß nicht sprechen, die schwarzen Wachhunde paßten auf.

Werner sah nach oben in den blauen Himmel. Auf der Gefängnismauer tschilpte ein Rudel Spatzen, flatterte auf und ließ sich wieder nieder. „Die sind wenigstens frei“, dachte er und war erneut dem Heulen nahe.

Die Tage vergingen mit Raustreten, immer Gesicht zur Wand, Essenfassen, ein schrecklicher Fraß, Fahrten zum Verhör, immer dasselbe, und Hofgang, streng bewacht.

Kurt, Werners Zellengenosse, war eigentlich ein prima Kerl. Mit der Zeit wurden sie so etwas wie Freunde, die als Experten in Sachen Swing natürlich über Bands, Arrangeure und Solisten so richtig fachsimpelten.

Dann kam endlich Werners Entlassung.

„Mach's gut!“ hörte er Kurt noch rufen, der leider eine Woche länger sitzen mußte. Dann schloß sich die Tür, diesmal von außen. Dennoch: Ganz frei war Werner immer noch nicht. Sein Telefon würde überwacht werden, sagte man ihm, und eine Reihe von Lokalen in Hamburg, Hochburgen der Swingjugend, dürfe er nicht mehr besuchen. Das mußte er unterschreiben. Man könnte ja rückfällig werden. Doch dazu war kaum Zeit.

Einige Wochen später wurde Werner Soldat, „zu den Fahnen geeilt“, wie er sich ausdrückte. Kasernenhofdrill mit „Hinlegen“ und „An den Horizont, marsch, marsch!“ Dann Ardennenoffensive, Gefangenschaft.

1947 kehrte Werner nach Hause zurück. Da hörte er eines Abends im Radio die lockerfröhliche Ansage: „Und nun, liebe Hörerinnen und Hörer, spielen wir für Sie amerikanische Tanzmusik von Schallplatten.“

Werner stutzte. „Komisch“, sagte er zu seinen Eltern, „und deshalb habe ich mal gesessen.“

So ändern sich die Zeiten!

Aus: „Wir wollten leben“, Reihe ZEITGUT, Band. 5.

[Karlsruhe, Baden-Württemberg;
27. September 1944]

Marianne Bickel

„Marianne, raus!"

Die Nacht vom 27. September 1944 wird mir ewig im Gedächtnis bleiben. Es hatte schon mehrmals Alarm gegeben, wir waren aus den Federn gestiegen und in den Luftschutzkeller gerannt. Wir, das waren meine Mutter, meine Schwester Rita, vierzehn, meine Schwester Christa, vier, und ich, 17 Jahre alt. Unser Bruder Bernhard war mit seinen erst 18 Jahren an der Ostfront, oft wußten wir nicht, wo er eingesetzt war. Mein Vater hatte Luftschutz-Nachtwachedienst in der Deutschen Waffen- und Munitionsfabrik – DWM, den heutigen Industriewerken Karlsruhe/Augsburg. Auch ich war bei der DWM, absolvierte dort meine Lehre als technische Zeichnerin.

Unser Häuschen stand in der Lebrechtstraße in Rüppurr, einem Stadtteil von Karlsruhe. In der besagten Nacht lagen wir alle zusammen gerade wieder im Elternschlafzimmer in den Ehebetten, als es abermals Voralarm gab. Mutter drängte uns, doch hinauszugehen. Rita zog sich brav an, nur ich wollte einfach nicht mehr aufstehen. Ich würde sowieso bald raus müssen, um zur Arbeit zu gehen. Mutter trat mit Christa auf dem Arm ins Treppenhaus. Eine innere Eingebung trieb sie jedoch zurück ins Schlafzimmer, Rita mit sich ziehend. Ich hörte noch, wie sie dabei schrie: „Marianne, raus!" woraufhin ich mit einem Satz aus dem Bett sprang. Im nächsten Moment umgab uns ein fürchterliches Grollen und Krachen.

„Wo ist das Kind?“ rief Mutter voller Panik. Ihr war gar nicht bewußt, daß sie sich selbst schützend über die kleine Schwester geworfen hatte. Dann schrie sie noch: „Licht aus!“ Aber wir befanden uns praktisch schon unter freiem Himmel. Die Helligkeit kam von den sogenannten Christbäumen über uns, den Leuchtzeichen, die die Flieger setzten, um ihr Ziel besser anpeilen zu können. Als das alles bereits geschehen war, wurde erst Hauptalarm gegeben.

Ich schaute mühsam mit einem Auge um mich, das andere war blutüberströmt, wie wir später feststellten. Wir kauerten auf einem höchstens sechs Quadratmeter großen Podest. Mit letzter Kraft stemmte ich mich gegen den Rest des Kleiderschrankes, der zum Glück die Dachbalken abfing, so daß sie uns nicht erschlugen. Nägel ragten dicht über meinem Gesicht hervor, daher rührten wohl auch die Wunden um mein Auge. Nur eine Handbreit rechts von mir, dort, wo die Ehebetten gestanden hatten, klaffte der Bombenkrater. Vom Treppenhaus, aus dem Mutter mit Christa zurückgekehrt war, stand nichts mehr.

Um uns herum krachte und brodelte es. Daß die Explosion unsere Lungen nicht zerrissen hatte, lag wohl daran, daß die Bombe so dicht neben uns eingeschlagen war, daß wir uns in einem fast druckfreien Raum befanden.

Wir riefen um Hilfe. Aus dem Haus zu unserer Linken war keine Unterstützung zu erwarten, der großmäulige Parteifunktionär, der dort wohnte, flüchtete aus seinem nur wenig beschädigten Haus. Als unser rechter Nachbar versuchte, zu uns durchzukommen, ging in unserem Garten der Zeitzünder eines Geschosses los. Herr Geisert wurde im Gesicht verletzt und mußte umkehren.

Wie lange wir in dieser Lage ausharrten, weiß ich nicht mehr. Endlich näherte sich ein Hilfstrupp, zu dem auch ein Nachbarsjunge gehörte. Sie kletterten über die Trümmer und halfen uns nach unten. Ich erinnere mich noch, daß ich mich vor den Leuten genierte, weil ich nur ein kurzes Nachthemd trug. Ich war ja nicht mehr dazu gekommen, meinen Trainingsanzug überzuziehen.

Eine Nachbarin gab mir einen Mantel, dann wurde ich umgehend ins Notlazarett in der Ried-Schule gebracht. Zum Glück hatte ich keine so schweren Verletzungen, die einen Krankenhausaufenthalt erfordert hätten. Mein linkes Auge war zugeschwollen, aber in Anbetracht weitaus gefährlicherer Verwundungen zählte das kaum.*) Ich wurde zu Köhlers, einer Nachbarsfamilie, in den Luftschutzkeller geführt, wo Mutter und die beiden Geschwister bereits untergekommen waren.

Mutter hatte einen Schock erlitten. Ihre Arme schlugen in weitem Bogen nach außen, ihr Körper wurde von einer unsichtbaren Kraft durchgeschüttelt. Ich habe so etwas später nie mehr gesehen. Frau Köhler bemühte sich um sie, bis Mutter langsam zur Ruhe kam. Möglicherweise war es die Erleichterung darüber, uns alle beinahe unversehrt um sich zu haben, die diese Reaktion ausgelöst hatte. Ich selbst zukke noch heute zusammen, wenn ich Geräusche wahrnehme, die mich an jene Nacht erinnern.

Mein Vater, der von Busenbach im Albtal, wohin seine Abteilung der DWM verlegt worden war, nach dem Luftschutz-Nachtdienst nach Hause wollte, mußte ein großes Stück zu Fuß gehen, weil das „Lobberle“, die Kleinbahn, wegen der Zerstörung der Gleise nicht mehr fuhr. Voller Schrecken und Angst um uns muß er dann vor unserem zerstörten Haus gestanden haben. Nachbarn informierten ihn, daß wir am Leben sind und wo wir uns aufhalten. Die Wiedersehensfreude unserer Eltern war unbeschreiblich. Heute noch höre ich meine Mutter sagen: „Der liebe Gott wird mir doch wenigstens die Kinder lassen!“

Wo sollten wir jetzt bleiben? Niemand wollte unsere große Familie aufnehmen. So verbrachten wir die ersten Nächte im Pfarr- bzw. im Schwesternhaus. Die Eltern schliefen mit Christa auf dem Boden auf zusammengeklaubten Matrat-

Meine Familie im Spätherbst 1943 in Karlsruhe-Rüppurr. Unser großer Bruder Bernhard, er trug als Unteroffiziersschüler seit seinem vierzehnten Lebensjahr Uniform, steht zwischen mir, links, und meiner Schwester Rita, vorn sitzen unsere Eltern mit der kleinen Christa. Im Hintergrund ist unser Elternhaus zu sehen, das in der schrecklichen Bombennacht vom 27. September 1944 zum großen Teil zerstört wurde.

zen. Rita und ich teilten uns ein Bett im Zimmer der Kindergartenhelferin im obersten Stock.

Schließlich wurden wir in ein leerstehendes Haus in der Fronstraße eingewiesen, dessen Eigentümer weit weg von den Ereignissen hier eine zweite Bleibe besaßen. Ihre zurückgelassenen Sachen stellten wir in einem Raum ab, ausgenommen die eisernen Bettgestelle, die wir uns zum Schlafen ausborgten. Die Küche war eingebaut, so daß wir erst einmal die nötigsten Utensilien hatten. Im Speiseschrank lag noch Vorrat. Nach langem Zögern erlaubte sich unsere Mutter, von den Teigwaren etwas zu nehmen, allerdings nur für eine einzige Mahlzeit. Alles andere blieb unangetastet.

Nach einiger Zeit wurden Mutter, Christa und Rita in den Odenwald evakuiert. Ich begleitete sie, mußte aber zurückkehren, da ich in einem Rüstungsbetrieb lernte. Ich zog zu Papa nach Busenbach. Später fanden wir eine Wohnung in der Hegaustraße in Rüppurr.

(Die Erinnerungen von Marianne Bickel wurden von ihrer Tochter Nicole Eick niedergeschrieben.)

Aus: „Wir sollten Helden sein“, Reihe ZEITGUT, Band 12.

[Nürnberg;
Frühjahr 1945]

Volker Stutzer

Ein zärtlicher Augenblick

Ich war abkommandiert, ein wichtiges Dokument, das niemand mehr der Post anzuvertrauen wagte, in eine deutsche Großstadt zu bringen und dort persönlich beim Kommandeur meiner Ersatzeinheit abzuliefern. Lange in immer wieder von Tieffliegern angegriffenen Zügen unterwegs, hatte ich in eiskalten Waggons gehockt und vergebens versucht, ein warmes Essen zu bekommen. Endlich fuhr der Zug doch in den Bahnhof von Nürnberg ein, dessen Eisenkonstruktion, von Bomben zu bizarren Skulpturen verbogen, in die Luft ragte. Ich meldete mich bei der „Wehrmachtsverspätungsstelle", bekam den Stempel, der die sonst als Bummelei oder Schlimmeres verdächtigte Unpünktlichkeit sanktionierte, und wollte eben den Weg zur Kaserne erfragen, als es Luftalarm gab. Das war mir nicht neu, aber von einem Fliegerangriff in einer fremden Stadt und noch dazu im Hauptbahnhof überrascht zu werden, gehört zu den Erfahrungen, die jeder Soldat möglichst zu vermeiden versucht. Ich war unterwegs in Felduniform, hatte, wie damals jeder abkommandierte Soldat, Seitengewehr, Gasmaske und Brotbeutel umgeschnallt, letzterer das einzige wirklich nützliche Utensil. Das wichtige Dokument trug ich unter dem Hemd, auf dem nackten Leib in einem leinenen Beutel.

In das Heulen der Alarmsirenen mischte sich bereits das aus der Ferne zu hörende Wummern der Flak, und da es aus

Als junger Soldat bei einem Heimaturlaub nach meiner Verwundung 1945. Im Jahr zuvor war ich im Alter von 17 Jahren eigezogen worden.

zwei Richtungen kam, schauten sich die vielen, hastig den Schutzräumen zustrebenden Menschen ängstlich um, denn das bedeutete einen Großangriff mehrerer Verbände.

Schutzräume in und bei Großstadtbahnhöfen – der Teufel selbst muß sie sich haben einfallen lassen! Und er wird höhnisch gelacht haben, als er sich vorstellte, wie es nach mehreren Angriffen hintereinander darin aussehen würde: dunkel, dreckig, stinkend nach der Angst der Menschen, erfüllt vom Lärm der Schreienden, Weinenden und Kommandierenden. Daran fehlte es nie, und an diesem Tage hatte ich sogleich einen Betreßten vor mir, der mich mit aufgerissenem Mund anschrie und eine herrische Geste auf eine halb geöffnete Eisentür machte, durch die sich bereits Zivilisten und

Soldaten drängelten. Ein weißer Pfeil an einer halb zerstörten Wand wies darauf. Ich hatte seine Aufmerksamkeit erregt, weil ich versucht hatte, in der allgemeinen Drängelei die Gegenrichtung einzuschlagen und aus dem Bahnhof hinaus und in die Stadt zu kommen. Aber davor war die „Disziplin der Deutschen Wehrmacht“, die keines noch so jungen und schmalen Soldaten Eigenmächtigkeit erlaubte.

Ich hasse Schutzräume. Sie machen mir angst. Und reichen sie weit in ein feuchtes, dämmeriges Dunkel hinab und haben nur einen Ausgang, empfinde ich Panik. Bei früheren Luftangriffen am Ort meiner Einheit hatte ich es vorgezogen, draußen zu bleiben und in ein Deckungsloch zu kriechen. Da das hier nicht ging, drängte ich mich mit der aufgeregten, schwitzenden und laut redenden Menge in den Schutzraum hinein und versuchte dort, von den Leuten Abstand zu gewinnen. An einer Wand stand eine hölzerne Bank, auf der noch niemand saß – außer einer jungen Luftwaffenhelferin, einem „Blitzmädchen“, so halb scherzhaft genannt nach dem Blitzsymbol auf dem Ärmelabzeichen, das die Nachrichtentruppen führten.

Das Bellen der Flak wurde lauter und schien von überall her zu kommen, die Luft im Schutzraum war stickig und vibrierte, man konnte meinen, das Dröhnen der vielen hundert schweren Bomber schicke seine Wellen bis zu uns hinunter. Ich setzte mich neben das Mädchen. Sie schaute mich an, ich sie. Ich sah ein weißes, nasses, nicht schönes, aber liebenswürdiges Gesicht mit dunklen Augen, die Haare spitzten unter dem Käppi vor. Die Uniform hing dem Mädchen ebenso lose um den Körper wie mir die meine – wir waren beide noch unfertig und sehr jung.

Während wir uns musterten, fielen die ersten Bomben, noch etwas entfernt auf die Rangiergleise, aber es genügte, den Schutzraum erbeben zu lassen und die Leute zum Kreischen zu bringen. Die in der Fassung an einem Draht von der Decke baumelnde einzige Glühbirne schaukelte, ging aus und flackernd wieder an. Die nächsten Bomben trafen bereits den Bahnhof selbst, und während die Schutzraumwände mit einem schreckenerregenden Geräusch knirschten, rieselte es von der Decke auf die kauernden Menschen herab, es fielen Brocken, ein scheußlicher Gestank von Brand und Tod zog herein. Um die matte Birne, die seltsamerweise immer noch Licht abgab, waberte Rauch. Das Mädchen schrie hell auf und klammerte sich an mich. Zitternd schlang sie die Arme um meinen Leib. Ich nahm sie fest in die Arme und wir drängten uns aneinander wie im Walde verlorene Kinder. Niemand schaute zu uns her, jeder war mit sich selbst beschäftigt.

Mir war es bisher so ergangen: Schon als Bub hatte ich das Elternhaus verlassen müssen. Ich lebte in einem Heim, das nach den damals geltenden Erziehungsgrundsätzen geführt wurde, und das bedeutete strenge Absonderung von Mädchen. Von da ging es direkt zum Arbeits- und anschließend zum Wehrdienst – ein alltägliches Los. Mich beließ es aber im Zustand eines jungen Mönches, und vielleicht hatte der sogar mehr von der weiblichen Anatomie gesehen als ich!

Und nun preßte sich ein junger Mädchenkörper an mich, wir zitternden jungen Menschen fühlten gegenseitig die Herzen pochen, hauchten uns den Atem in die Gesichter. Je gefahrdrohender das berstende Krachen und rollende Donnern der Bomben in das Reden, Rufen und Schreien des düsteren Kellers drang, desto enger umschlangen wir uns. Dort, wo sich der Leinenbeutel mit dem Dokument auf die Haut drückte, fühlte ich die Brust des Mädchens, und es war tatsächlich das erste Mal in meinem Leben, daß mir dies geschah. Die Wange des zitternden, leise stöhnenden Mädchens war direkt vor meinem Mund, und als eine Träne salzig auf meine Lippen traf, küßte ich sie weg. Sie drehte den Kopf ein wenig, und wie ein Schmetterling sich auf eine Blume setzt, so zart und leicht berührten ihre Lippen die meinen. Noch heute spüre ich, wenn ich daran denke, die sanfte Wärme und den hauchigen Duft, und es erscheint mir, als habe ich nie wieder im Leben so geküßt. Es war der ersehnte Augenblick, von dem ich so oft geträumt hatte in den Betten des verdammten Heims, der stinkenden Arbeitsdienstbaracken und der überfüllten Kasernenstuben – der zärtliche Augenblick!

Der Schutzraum hielt stand, der Angriff ging vorüber. Die Sirenen heulten Entwarnung. Der Dunst zog zum Ausgang, den wieder der Betreßte besetzt hielt und nun herrisch zum Hinausdrängen winkte. Das Mädchen lockerte langsam seinen Griff um meinen Körper, küßte mich noch einmal, diesmal fester und länger, und hauchte mir ins Ohr: „Du hast mich sehr getröstet..." Ich flüsterte zurück: „Und du mich erst!" Nie war etwas wahrer gewesen.

Wir standen auf, schüttelten den Staub ab und drängten mit der wogenden, schwitzenden Menge hinaus an die Luft. Es brannte an mehreren Stellen, Fahrzeuge qualmten und Uniformierte rannten herum. Der Bahnhof und seine Umgebung sahen noch ruinenhafter aus als vorher. Das Mädchen zupfte den Sitz ihrer Uniform zurecht und fuhr sich mit einer schnellen Bewegung durchs Haar. Sie schwang den großen Brotbeutel, den sie in der Hand trug, über die Schulter, machte eine winkende Bewegung zu mir hin und sagte: „Paß auf dich auf, du wirst noch wo gebraucht ..." Und schon verschwand sie zwischen den halbzerstörten Häusern.

Ich machte mich ebenfalls auf den Weg, kam endlich am Ziel an, lieferte das Dokument ab, niemand fragte nach dem Zuspätkommen. Man wies mich erst in den Waschraum, dann in die Kantine, wo man mir zu essen gab, und dort hockte ich dann, noch die Zartheit der Lippen des „Blitzmädchens" auf meinen spürend und ihren Duft im Mund, und starrte vor mich hin. „Kamerad, ist dir was passiert?" fragte einer im Drillich, der die Bestecke wegräumte. Ich antwortete nicht. Wie hätte ich ihm sagen sollen, was mir passiert war?

Aus: „Wir wollten leben", Reihe ZEITGUT, Band 5.

[Berlin – Prag – Schüttenhofen*), Südwest-Böhmen; August 1944–März 1945]

Evelyn Steudel

Gebrannte Kinder

1944 sollte ich aufs Gymnasium gehen. Aber in Berlin waren viele Schulen in sichere Gebiete evakuiert worden, auch die Martin-Luther-Oberschule vom Tempelhofer Weg. Und als die Amerikaner in Frankreich bereits gelandet waren und die Ostpreußen zu fliehen begannen, da schickten uns unsere Eltern, getreu dem Aufruf des Führers, noch in das „bombensichere" Gebiet Tschechoslowakei ins KLV-Lager. Zehn kleine Mädchen von zehn Jahren waren wir, die Neuaufnahmen der Klasse 1. Eine Führerin sollte uns über Prag nach Schüttenhofen bringen.

Warum wir nicht einfach durchfuhren, sondern drei Wochen in Prag Station machten, sagte uns niemand. In der YMCA mitten in der Stadt waren wir untergebracht. Wir alle hatten heftiges Heimweh. Einerseits fand ich es gut, dort nachts ohne Fliegeralarm durchschlafen zu können, andererseits ängstigte mich diese große, fremde Stadt. Sie war vollgestopft mit Menschen, die Deutsch oder Tschechisch sprachen. Durch die Straßen marschierten kolonnenweise singende deutsche Soldaten: „Schwarzbraun ist die Haselnuß", „O, du schöhöhöner Wehehesterwald", Fahnen über Fahnen an allen Gebäuden, aus vielen Fenstern, rot mit schwarzen Hakenkreuzen auf weißem Grund. Täglich muß-

*) heute Sušice in Tschechien

ten auch wir Knirpse durch Prag marschieren. Überall Hektik, fremde Straßenzüge, Unbekanntes, Drohendes. Meine große Angst, in dem Gewühle verloren zu gehen und nicht zu wissen, wo ich wohnte, war stets gegenwärtig.

Am liebsten gingen wir zur Moldaubrücke. Da stand die Statue von Johann von Nepomuk. Wir lernten seine Lebensgeschichte und sangen sein Lied auf der Brücke. Unter uns floß die Moldau, und jedes Mal mußte ich bitterlich darüber weinen: Wie konnte ein König so grausam sein und ihn in die Moldau werfen lassen, bloß weil er die Beichte der Königin nicht verraten hatte? Armer Johann von Nepomuk!

Nach drei Wochen Prag-Aufenthalt kamen wir zehn Mädchen endlich in Schüttenhofen im KLV-Lager an. Das altertümliche Hotel „Pod Strazi“ lag am Fluß Ottawa, hier waren 120 Mädchen, 30 Lehrer und Führerinnen untergebracht.

Bald stellte sich heraus, daß ich von allen das Schlußlicht war: Die Jüngste, die Kleinste und mit meinem Mädchennamen Zobel unweigerlich die Letzte im Alphabet. Das bedeutete: zwölf Tage zu jung, um bei den Jungmädchen aufgenommen zu werden – als einzige durfte ich bei Fahnenappellen kein Halstuch und keinen braunen Knoten tragen. Ich schämte mich in meiner eigenen weißen Bluse und dem dunkelblauen Faltenrock. Zu klein, um bei Sportwettkämpfen über das hohe Pferd springen zu können. So gaben sie mir dann alle, einschließlich der Lehrer, den Namen „Krümel“. Zwei Jahre lang hörte ich nicht meinen richtigen Vornamen.

Das letzte Kriegsweihnachtsfest 1944/45 feierte unsere Schule als Sonnenwendfest. Meine Großmutter war entsetzt, als ich ihr das schrieb. Ein Weihnachtsfest ohne die Weihnachtsgeschichte – für sie undenkbar.

„Wenn der Führer das auch noch auf sein Gewissen lädt“, schrieb sie mir, „daß ihr Kinder unterm Weihnachtsbaum nicht die Weihnachtsgeschichte aufsagen dürft, dann kommt der ganz bestimmt nicht in den Himmel.“ – Mutig war sie, meine Großmutter, denn unsere gesamte Post wurde von den

Führerinnen gelesen. Oma wußte immer alles genau. Ich grübelte, was der Führer wohl noch alles auf dem Gewissen hatte, wagte es aber nicht, mit jemandem darüber zu sprechen.

So feierten wir also das Sonnenwendfest, das die Führerinnen organisierten. Alle 120 Mädchen standen im Karree wie weibliche Zinnsoldaten und sangen:

Hohe Nacht der klaren Sterne,
die wie weite Brücken stehn,
über einer tiefen Ferne
drüber uns're Herzen gehn.

Mich überzog bei diesem Singsang ein ehrfurchtsvoller Schauer, aber ich wußte nicht, warum. Draußen unterm Sternenhimmel war es kalt und schaurig schön. Diese Nachtwanderungen mußten wir immer im Schweigemarsch zurücklegen, aus Vorsicht vor tschechischen Partisanenüberfällen.

Ab Januar 1945 wurde die Post unserer Eltern spärlicher. Manchmal erreichte die Schule die Nachricht, daß Eltern bei Bombenangriffen umgekommen waren. Wir standen dann alle auf zu einer Schweigeminute. Jede hatte Angst, daß es beim nächsten Mal sie treffen könnte. Daß ihre Häuser ausgebombt, aber die Eltern zumindest in Sicherheit waren, kam nun immer öfter vor. Auch mich traf eines Tages die Nachricht, daß wir ausgebombt waren.

Langsam füllten sich die Straßen der kleinen tschechischen Stadt mit Banater Flüchtlingen. Uns wurde verboten, allein auf die Straße zu gehen. „Es ist gefährlich", hieß es nur. Etwas Gewaltiges, aber nichts Gutes war in Bewegung geraten, und niemand erklärte es uns. „Ihr seid noch zu klein dafür", sagten sie.

Ab und zu schnappten wir etwas auf. Die eine hörte dies, die andere das. Nachts, im dunklen Schlafsaal, flüsterten wir es uns zu. Ein Mädchen hatte etwas ganz Schlimmes genau gehört: Wenn wir den Krieg verlieren, bekommen alle deutschen Kinder von den Tschechen ein Hakenkreuz in die Stirn gebrannt!

Da lagen wir im Dunkeln, betasteten unsere Stirnen und fragten uns, wie weh das wohl tun würde. Ein Mädchen hat-

Im KLV-Lager nannten mich alle nur „Krümel" – mit meinen 10 Jahren war ich die Jüngste, zudem die Kleinste und die Letzte im Alphabet.

te das schon mal bei einem Rind gesehen, dem ein Zeichen in den Rücken gebrannt wurde. „Und die Rinder haben das auch immer überlebt", sagte sie. Wir würden dann andere Haarfrisuren tragen, mit Pony im Gesicht.

Aber vielleicht verlieren wir den Krieg gar nicht, denn der Führer hat ja noch die V2, die holt er erst ganz zum Schluß raus, dann werden unsere Feinde sich wundern. Und dann kriegen wir auch kein Hakenkreuz in die Stirn gebrannt ...

Aus: „Gebrannte Kinder", Reihe ZEITGUT, Band 1.

[bei Ulm, Baden-Württemberg;
1945]

Bernhard Eser

Menschenfresser

„Die Amerikaner marschieren auf Ulm zu“ – so hieß es plötzlich im Dorf. Alle waren aufgeregt und rannten umher. Jeder wollte von jedem wissen, ob es denn stimme, was man soeben gehört habe. Im Nu gab es Gruppen von Leuten, Frauen zumeist und – natürlich! – auch uns, den Kindern. Es wurde überall heftig diskutiert. Manche sagten auch gar nichts. Man sah ihnen ihre Angst an.

Plötzlich hatte der Krieg die andere Seite der Donau erreicht. Jeden Tag konnte er auch zu uns herüberkommen, in unser kleines Dorf, das gerade eine halbe Tagesreise von Ulm entfernt war.

Was denn zu tun sei, wurde gefragt, ob man den Schmuck verstecken müsse und überhaupt alles Wertvolle. Oder ob man schon weiße Tücher bereithalten solle, um sie beim Einmarsch des Feindes aus den Fenstern zu hängen.

„Das laßt man ja bleiben“, warnte der Vitus. „Das wird bestraft. Erschossen wird man dafür. Übrigens kommen die Amerikaner sowieso nicht über die Donau, auf gar keinen Fall. Die Brücken sind alle gesprengt, da kommen sie garantiert nicht rüber. Das sagt auch das Radio. Ihr braucht keine Angst zu haben.“

Der Vitus war Knecht bei unserer Nachbarin, der Tante Anna, und er wußte Bescheid. Er war alt und hatte im ersten Krieg in Frankreich gekämpft. Deshalb hatte er von allem Militärischen viel Ahnung. Er war für uns eine Autorität in Sachen Kriegsführung.

Aber auch sonst genoß er bei uns Buben aus dem Oberdorf großes Ansehen. Das lag daran, daß er uns manchmal auf der Liesl reiten ließ. Die Liesl war ein Ackergaul, die bei der Tante Anna im Stall stand, neben ein paar Kühen und zwei Schweinen. Sie war sehr gutmütig und mußte ungefähr so alt sein wie der Vitus. Ihr war es jedenfalls egal, ob sich auf ihrem breiten Rücken ein oder zwei oder manchmal gar drei Buben beim Reiten ihre gegrätschten Beine fast verrenkten.

Es waren nicht viele Männer im Dorf zurückgeblieben: der Bürgermeister und ein paar alte Leute. Mein Opa gehörte zu ihnen. Mit noch zwei Männern zusammen war er die Ortspolizei. Der Schusternaz, dem man gleich zu Beginn des Krieges ein Bein weggeschossen hatte, hockte jetzt mit seinem Beinstumpf auf einem Schemel in seiner Werkstatt und schimpfte und fluchte, weil er uns nicht hinterherlaufen konnte, wenn wir ihn ärgerten. Alle anderen Männer waren im Krieg. Auch mein Vater. Mein jüngerer Bruder und ich lebten im Dorf bei meinen Großeltern.

Von seinen Frankreicherfahrungen her kannte der Vitus auch die Amerikaner.

„Die sind nicht so schlimm“, erklärte er den Frauen, und wir Buben standen mit aufgerissenen Mündern dabei und paßten auf, daß uns ja kein Wort entging. „Aber die Neger, die sie haben! – Man erzählt sich da so allerhand –“

Er machte eine Pause.

„Was? – Was ist mit den Negern? – Was erzählt man sich von ihnen?“

„Na, es soll da –“ Er spuckte den Saft seiner kalten, längst ausgezuzzelten Pfeife aus. „Also es soll da –“

„Was?“

„Na, es sollen da Menschenfresser dabei sein.“

Die Frauen schrieen auf.

„Menschenfresser!“ Sie hielten sich die Hände vor den Mund.

„Sagt man. – Aber auf alle Fälle, die Frauen – und das ist gewiß! – die schleppen sie fort und dann –“

„Was dann?“

Ich hatte mich mit dem Schorschi, meinem Freund, ganz nach vorne gedrängt, und unsere Ohren glühten, so aufgeregt waren wir über das Gehörte.

„Was dann?“, wurde der Vitus noch einmal gefragt. „Du meinst doch nicht etwa –“

„Doch!“ sagte der Vitus. Er nickte bedeutungsvoll mit dem Kopf.

„Oma, was ist mit den Negern und den Frauen?“ fragte ich.

Ich hätte ruhig sein sollen.

„Haut ab! Das ist nichts für euch!“

Sie drängte mich und den Schorschi weg und gab keine Ruhe, bis wir endlich außer Hörweite waren. So erfuhren wir nicht, was mit den Negern und den Frauen sein sollte. Nur, daß sie Menschen fressen. Das hatte uns einen gewaltigen Schreck eingejagt. Und jetzt kommen diese Menschenfresser also zu uns – in unser Dorf.

Die Amerikaner, die kannten wir. Vor ihnen hatten wir keine Angst. Fast auf die Minute genau zur selben Zeit flogen sie jeden Nachmittag mit ihren großen Flugzeugen über unser Dorf. Der Schorschi und ich lagen dann immer unter dem schützenden Dach eines Holunderstrauches, schauten zum Himmel hinauf und zählten, wieviele es diesmal waren. Kurz nachdem die Flugzeuge hinter den Dächern verschwunden waren, hörten wir Einschläge und Explosionen von dem Flugplatz ein paar Kilometer hinter dem Dorf, den sie bombardierten. Anfangs waren die Detonationen so heftig, daß bei uns im Oberdorf die Fensterscheiben zitterten, und die Amerikaner standen deshalb in unserer Achtung ganz oben. Aber nach und nach waren die Detonationen nicht mehr so gewaltig, und es gab sie auch nicht mehr so oft, weshalb unser Respekt vor den Amis stark nachließ.

Mit den Amerikanern kannten wir uns also aus. Aber das mit den Negern, das war uns neu. Der einzige Neger, den wir kannten, war aus Gips. Er hockte zusammengeduckt auf einer blechernen Sammelbüchse, die man jedes Jahr in der Kirche vor der Weihnachtskrippe aufstellte. Wenn man ein Geldstück durch den Schlitz der Büchse warf, nickte er ein paarmal mit dem Kopf.

Daß so einer Menschen fressen sollte? Und warum nahmen sie die Frauen mit? Das konnten wir uns nicht vorstellen. Aber wen sollten wir fragen? Die Annemarie vielleicht?

Die Annemarie war zwei Jahre älter als der Schorschi und ich. Sie ging schon zur Schule und wußte manchmal etwas, was für uns noch neu war. Vorige Ostern hatte ich ihr versprochen, sie zu heiraten, wenn sie mir ihren roten Zuckerosterhasen schenken würde, den sie geschenkt bekommen hatte. Sie hatte mir den Osterhasen gegeben.

Aber eigentlich konnte ich sie nicht leiden – obwohl man sie oft brauchte. Sie paßte auf meinen kleinen Bruder auf, der noch nicht einmal richtig laufen konnte und der den Schorschi und mich nur beim Spielen störte. Aber die Annemarie stritt sich immer mit uns, und sie wußte immer alles besser. Immer hielt sie uns vor, daß wir richtig blöd seien. Wir würden schon sehen, wenn wir erst zur Schule gingen, sagte sie.

Aber die Annemarie wußte das mit den Negern auch nicht. Das war gleich zu merken, obwohl sie auf unsere Frage nicht mehr als ein spitzes „Dafür seid ihr noch zu klein! Das ist nichts für euch!“ antwortete und sich dann eilig aus dem Staub machte.

Und dann sind die Amerikaner doch über die Donau gekommen. Es war zwei Tage später, gegen Abend, als auf einmal viele Fremde auf ihren Rädern durch unser Dorf kamen und uns zuriefen, wir sollten schleunigst machen, daß wir davonkämen. Die Amis seien schon vor dem kleinen Wäldchen, in dem die Munitionsbunker waren. Es werde dort heftig gekämpft.

Das Dorf verwandelte sich in einen Ameisenhaufen – Leute liefen aufgeregt herum und schrieen sich irgendwas zu, andere hängten weiße Bettücher aus den Fenstern. Dann kamen etliche Militärfahrzeuge in scharfem Tempo aus dem Unterdorf herauf und preschten an unseren Häusern vorbei aus dem Dorf hinaus. In der Ferne hörte man das Gewummer von Geschützfeuer und die Einschläge von Granaten.

Mir schlug das Herz wie wild vor Aufregung – und vor Angst. Die Menschenfresser kommen!

Mein Opa setzte sich seine Dienstmütze auf und nahm sein Fahrrad. „Ich fahre jetzt zu unserer Station“, sagte er.

„Du bleibst da!“ herrschte ihn meine Oma an. „Wenn die Amis kommen –“

„Ich bin Gendarm, mir tun sie nichts. Ich muß auf meinem Posten sein. Geht zu der Anna hinüber. Ich schaue nach euch, so bald ich kann.“

Dann schwang er sich auf das Rad und fuhr langsam die Straße hinab zur Gendarmeriestation.

Die Oma hielt sich ihre Schürze vor das Gesicht und heulte hinein. Dann, auf einmal, packte sie mich an der Hand. Wir gingen in unser Haus, hängten schnell ein Bettuch aus dem Fenster – „Eines reicht!“ –, holten die beiden Koffer, die schon längst gepackt waren und gingen zu der Tante Anna hinüber.

Wir hatten in unserem Haus nur einen einzigen winzigen Keller, und in dem war man vor Granaten nicht geschützt. Der Keller von der Tante Anna hingegen war groß und fest gemauert. Da waren wir schon ein paarmal gewesen, wenn es Fliegeralarm gegeben hatte. Auch jetzt gingen wir in diesen Keller hinunter.

Alle waren bereits da – auch die Annemarie. Leider. Ich hätte lieber den Schorschi dabeigehabt.

Es war aufregend, bei Kerzenlicht auf den Apfelmieten zu sitzen und den Erwachsenen zuzuhören. Insbesondere der Vitus mit seinen Erfahrungen aus dem Frankreichkrieg hatte immer etwas zu erzählen. Es gab Most aus einem Faß im Nebenraum, und auch wir Kinder durften ab und zu davon trinken. Dazu aßen wir Leberwurstbrote und Geräuchertes. Es war richtig aufregend.

Auf einmal merkten wir, wie der Boden unter unseren Füßen zu zittern begann. Ein klirrendes, mahlendes Geräusch drang in den Keller. Wir erstarrten und lauschten nach draußen.

„Panzer," sagte der Vitus fachmännisch. Er stellte seinen Mostkrug auf die Erde und stand auf. „Ich schau' mal nach."

„Bleib' um Himmels Willen da!" wurde er angefleht.

Aber der Vitus schlich die Kellerstiege hinauf und war in der Dunkelheit verschwunden.

Die Frauen fingen an zu beten. Das Vater Unser und dann das Ave Maria. Nach einer Weile kam der Vitus die Kellerstiege wieder herunter.

„Es sind Panzer," bestätigte er. „Einer nach dem anderen kommen sie die Neue Straße herauf. Und gerade vor uns drehen sie und fahren dann weiter."

Er beschrieb mit den Händen, wie die Panzer in der engen Kurve vor dem Hof der Tante Anna drehten. Er war ziemlich beeindruckt.

„Meine Herren, die haben Material!"

Dann ließ der Lärm nach, und der Vitus schlich wieder nach oben, um zu spähen. Als es mit den Panzern wieder losging, kam er zu uns zurück.

„Jetzt sind sie auch mit Lastwagen und Geschützen gekommen. – Meine Herren! Meine Herren!" Er schüttelte den Kopf. „Die haben vielleicht Material!"

Das Geräusch von Lastwagen, Geschützen und Panzern ging die ganze Nacht durch. Erst gegen Morgen ließ der Lärm nach und hörte dann ganz auf.

„Ob wir hinauf in die Küche können, um uns was zum Frühstück zu machen?“, fragte Tante Anna.

„Lieber nicht!“ hieß es. „Man weiß nicht, was noch alles passiert.“

Tante Anna stand auf. „Ich muß die Kühe melken“, sagte sie und ging wie selbstverständlich die Kellerstiege hinauf.

„Wir können nicht ewig hier unten bleiben“, sagte der Vitus. Er war jetzt ebenfalls dafür, nach oben zu gehen. „Einmal müssen wir hinauf.“

Wir schlichen hinauf in die Küche. Meine Oma machte Feuer im Herd, und der Vitus stellte das Radio an. Er wollte hören, was los war.

Das Radio blieb stumm. Es gab keinen Strom.

Zum Frühstück hatten wir heiße Milch und Butterbrot. Weil die Molkerei nicht mehr in Betrieb war, gab es seit einer Weile mehr Milch als wir brauchten. So tranken wir, was wir konnten. Einmal wurde sogar gebuttert. Was dann noch übrig war, gab Tante Anna den Fremden, die in letzter Zeit häufig durch unser Dorf kamen. Es hätte heute ganz gewiß auch Eier gegeben, aber es traute sich niemand in den Hühnerstall hinaus.

Beim Frühstück sagte niemand mehr als unbedingt notwendig, denn jeder dachte an den Feind, der jetzt bei uns im Dorf war. Auf einmal hörten wir, wie die Haustür aufgemacht wurde. Wir vernahmen Schritte im Flur, und dann pochte es an der Küchentür.

Wir saßen erstarrt.

Die Tür ging auf. Ein gewaltiger Kerl bückte sich und schob sich in die Küche hinein.

Ein Menschenfresser!

Es war, als hätte ich keinen Tropfen Blut mehr im Leib. Nicht einmal der schrecklichste Knecht Ruprecht hatte mir jemals so völlig das Leben aus meinem Körper getrieben wie dieser gewaltige Neger, der jetzt in die Küche kam. Hinter ihm kam gleich noch einer, ein kleinerer. Der Gewaltige war eher braun als schwarz und hatte keine so dicken Lippen wie unser Neger vor der Weihnachtskrippe. Aber der andere, der kleinere, sah unserem Krippenneger ziemlich ähnlich.

„Maria und Josef!“ sagte meine Oma und bekreuzigte sich.

Der Vitus war von seinem Platz hochgesprungen und hatte sofort die Hände über seinen Kopf gehoben. Ich wollte es genauso machen, weil er uns gesagt hatte, das müsse man tun, unbedingt, damit sie einen nicht erschießen. Aber ich brachte meine Hände nicht einen Millimeter von meiner Milchtasse weg. Ich war vollkommen gelähmt.

Der gewaltige Neger sagte etwas, was niemand verstand. Er lachte und zeigte dabei ein Gebiß, das so breit war wie das von der Liesl. Nur daß Liesls Zähne gelb und schon ziemlich abgenutzt waren. Das Gebiß von diesem Menschenfresser hingegen war von einem so strahlenden Weiß in seinem dunklen Gesicht, daß es nur um so fürchterlicher zur Geltung kam.

Die beiden Soldaten hielten jeder eine Blechdose in der Hand, von denen die geöffneten Deckel hochstanden. Sie zeigten auf den Herd und wollten ihre Dosen darauf stellen.

Da hatte die Tante Anna begriffen. Sie wollten ihr Essen warm machen! Sie hatten den Rauch aus dem Kamin gesehen und waren hereingekommen, um ihr Essen warm zu machen.

„Augenblick!“ sagte die Tante Anna. Sie ging zum Geschirrschrank, holte einen Kochtopf heraus, nahm den Menschenfressern ihre Dosen ab und schüttete den Inhalt in den Topf. Sie stellte den Topf auf den Herd, holte einen Kochlöffel und rührte um. Dann schöpfte sie ein wenig heraus und kostete. „Irgendwas mit Fleisch“, sagte sie zu uns her.

„Menschenfleisch!“, durchfuhr es mich. Und die Tante Anna kostete davon!

Der Vitus hatte seine Arme wieder heruntergenommen. Er kam jetzt an den Tisch, schob seine und Tante Annas

Tasse auf unsere Seite herüber und bot den Negern die beiden Stühle an.

„Nehmts Platz“, sagte er und machte so etwas wie eine Verbeugung. Die beiden antworteten etwas auf negerisch und kamen an den Tisch. Sie setzten sich und zeigten ihr Menschenfressergebiß.

Da konnte ich es nicht mehr aushalten. Ich sprang auf, fing an zu schreien und verkroch mich hinter meiner Oma. Auch die Annemarie fing an zu heulen. Mein kleiner Bruder weinte die ganze Zeit schon vor sich hin. Die Menschenfresser aber redeten in ihrer fremden Sprache auf uns ein. Da setzte mich der Vitus auf seinen Schoß und sagte, ich solle jetzt still sein. Es tue mir doch keiner was.

Der kleine Neger schob ein kleines, blaues Päckchen zu mir herüber.

„Tschockläd“, sagte er und grinste.

Der Vitus hatte es verstanden. „Das ist Schokolade“, sagte er. „Nimm es nur.“

Er drückte es mir in meine Hände. Das war meine erste Bekanntschaft mit der Marke Cadbury – einem eisenharten, bitter schmeckenden Zeug, damals jedenfalls.

Die Tante Anna brachte für die zwei Geschirr und Besteck und schöpfte ihnen ihr Menschenfleisch in die Teller. Der Gewaltige deutete auf unser Brot. Der Vitus hatte sofort wieder verstanden. Er nahm das Brotmesser, schnitt ein paar Scheiben ab und legte sie ihnen hin. Dann schob er auch die Butterdose hinüber.

„Eßt nur“, sagte er. „Laßt's euch schmecken.“

Sie nickten mit dem Kopf wie unser Krippenneger und begannen zu essen.

Ich schielte vorsichtig zu ihnen hin. Wann sie wohl anfangen, einen von uns verspeisen?

Der Vitus fing mit ihnen ein Gespräch an – woher sie kommen, und jetzt ist er wohl bald zu Ende, der Krieg, oder nicht? Er habe in Frankreich gekämpft. An der Marne. 1917. Zu der Zeit seien sie wohl noch in die Schule gegangen. Oder?

Die beiden verstanden gar nichts. Sie nickten nur ständig mit dem Kopf.

Dann, endlich, waren sie mit ihrem Essen fertig und standen auf. Sie schüttelten der Tante Anna die Hand und dann nacheinander einem jeden von uns. Als der große der beiden Menschenfresser meine Hand nahm, glaubte ich, jetzt sei es soweit und schrie, daß mir die Lunge fast herauskam. Der Riese lachte und fletschte sein Lieslgebiß. Auch er langte in seine Tasche und gab mir und der Annemarie so ein Päckchen Tschockläd. Dann schob er noch eines für meinen kleinen Bruder dazu. Schließlich tippten die beiden an ihre Helme und gingen.

Ich schaute auf meine Hand – ob sie jetzt auch braun war. Aber sie war ganz normal.

Der Vitus ging mit den beiden hinaus, und es dauerte ziemlich lange, bis er wieder zurückkam.

„Sie sind doch ganz in Ordnung, die Amis, nicht wahr?"

Er zeigte uns zwei Päckchen Tabak, die er irgendwie von ihnen ergaunert hatte. Richtigen Pfeifentabak hatte er schon lange nicht mehr gehabt.

„Das waren doch Neger!" wandte ich ein.

„Neger sind auch Amis." belehrte mich der Vitus.

„Aber wenn sie doch –"

„Was?"

Ich schwieg. Ich wollte von dieser schrecklichen Sache nichts mehr wissen. Nicht, daß sie doch noch einmal hereinkommen und sie dann vielleicht doch –

Sie blieben den ganzen Tag.

Sie hatten ihren Tschiep gerade vor Tante Annas Hof geparkt. Als ich zur Haustüre schlich und vorsichtig hinauslugte, konnte ich sehen, wie sie darin saßen und sich unterhielten. Später stellten sie sich auf die Straße und regelten den Verkehr. Den ganzen Tag kamen Kolonnen von Fahrzeugen die Straße herauf – laut und bedrohlich fuhren sie auf uns zu, und die Menschenfresser zeigten ihnen, daß sie aus dem Dorf hinausfahren sollten.

Der Vitus stand den ganzen Tag bei ihrem Tschiep, und wenn gerade nichts los war, erklärte er ihnen die Marneschlacht. Ich weiß nicht, wie er es machte, aber er kam noch ein paarmal mit Päckchen zu uns – Kaffee, Zigaretten und Tschockläd.

Irgendwann am Vormittag hielt dann ein anderer Tschiep vor dem Haus. Mein Opa und ein Mann in Uniform stiegen aus. Der Opa sagte, das sei ein Saatschn, und der sei jetzt sein Vorgesetzter. Der Saatschn begrüßte uns und sprach fast wie wir, man konnte ihn jedenfalls verstehen. Mein Opa sagte, man habe ihnen die Gewehre weggenommen, aber sie seien trotzdem noch Gendarmen und müßten jetzt tun, was der Saatschn sage. Es sei jetzt alles vorbei, und wir bräuchten keine Angst zu haben. Er komme bald nach Hause. Bald sei Dienstschluß.

Dann setzten sie sich wieder in den Tschiep und fuhren die Neue Straße hinab.

Am Nachmittag kamen die beiden Menschenfresser noch einmal zu unserer Tür und gaben einem jeden von uns die Hand – außer mir. Ich machte, daß ich in den Keller kam und versteckte mich in dem hintersten Winkel. Dann waren sie endlich fort.

Sie hatten niemanden von uns gefressen und keine der Frauen mitgenommen. Nicht einmal die Annemarie.

Aus: „Gebrannte Kinder. Zweiter Teil“, Reihe ZEITGUT, Band 7.

[in Schlesien;
März 1945]

Hanna Rieck

Das Brot

Der Frühling des Jahres ’45 hatte noch nicht begonnen, aber die Sonne schien schon warm auf die Pferde und Planwagen. Unser Treck zog langsam über die Landstraße. Nach der letzten Rast hatten einige Menschen, vor allem Mütter mit ihren Kindern, die Wagen verlassen und gingen auf der Straße, um die wärmende Sonne zu genießen. Auch ich ging nebenher. Ich war sechs Jahre alt. Meine Tante schob den Kinderwagen mit ihrem Baby, meiner jüngsten Cousine.

Gute und schlechte Nachrichten gingen wie ein Lauffeuer durch den Treck, vom ersten bis zum letzten Wagen wußten alle schnell, wenn sich etwas Ungewöhnliches ereignete. So war es auch an diesem Tag. Ein Wagen nach dem anderen hielt. Ein russischer Lastwagenkonvoi kam uns entgegen. Soldaten sprangen heraus und durchwühlten unsere Wagen nach Wertsachen. Bei uns fanden sie Besteck und eine goldene Armbanduhr. Damit zogen sie ab.

Während des Überfalls hatten sich die Frauen mit den Kindern in den Straßengraben geflüchtet. Nun kamen sie wieder heraus, erleichtert, daß ihnen kein körperlicher Schaden zugefügt worden war. Die Erwachsenen brachten das Innere des Planwagens – Butter, Kleider, Babyflaschen, alles lag durcheinander – wieder in Ordnung, während wir Kinder noch ängstlich herumstanden und nichts begriffen. Endlich konnte der Treck weiterziehen.

Die Straße wurde eng. Links stiegen hohe Felswände auf, und rechts war der reißende Fluß – eine beängstigende Umgebung für ein kleines Kind wie mich. Wer konnte, ging wieder zu Fuß, die Pferde hatten es dann etwas leichter.

Alle blieben verängstigt stehen, als ein einzelner russischer Laster kam. Da geschah das Wunder dieses Tages: Während der Lastwagen an uns vorbeifuhr, flog in großem Bogen ein halbes Kommißbrot auf unseren Kinderwagen.

Ehe wir unser Glück fassen konnten, war der Laster verschwunden. Versöhnt mit allem, was uns an diesem Tag widerfahren war, setzten wir unseren Weg fort und erreichten am Abend unser Quartier.

Aus: „Gebrannte Kinder. Zweiter Teil", Reihe ZEITGUT, Band 7.

[Königsberg*) – Potsdam – nahe Lübeck – Lüneburg – Göttingen; 1945]

Dieter Biedekarken

„O, poor boys!“

Mein Geburtstag ist der 18. August 1929. Es heißt, wer an einem Sonntag geboren worden ist, sei ein Glückskind, vom Schicksal besonders begünstigt. Doch nicht alles verlief glatt.

Im Frühjahr 1934 waren meine Eltern nach Königsberg in Ostpreußen umgezogen. Hier wuchs ich mit meinen beiden jüngeren Geschwistern wohlbehütet auf. Unser Vater war schon mit Beginn des Zweiten Weltkrieges als Offizier im Fronteinsatz. Das bestärkte meinen Wunsch, später auch Offizier zu werden. Schließlich reifte bei meinen Eltern die Idee, mich auf die Militär-Internatsschule in Potsdam zu schicken. Zu meiner großen Freude wurde ich dort auch angenommen.

So begann im Jahre 1940, nach den Sommerferien, für mich ein völlig neues, unbekanntes Leben. Ich war elf Jahre alt. Das Elternhaus war weit weg, von nun an konnte ich nur noch in den Ferien nach Hause fahren.

Jetzt war ich Schüler und „Jungmann“ der Internatsschule Großes Militär-Waisenhaus Potsdam, ursprünglich eine Stiftung des preußischen Königs Friedrich Wilhelm I. für Kinder seiner Soldaten. Wir trugen eine dem Militär ähnliche Uniform. Unsere Lehrer waren gleichzeitig Offiziere der Wehrmacht. Der Schuldirektor stand im Rang eines Oberst.

*) heute Kaliningrad in Rußland

Die planmäßigen Unterrichtsfächer unterschieden sich in nichts von denen der allgemeinen höheren Lehranstalten. Ab dem 14. Lebensjahr erlernten wir zusätzlich das Segelfliegen oder das Segeln mit Kuttern auf den Havelseen, wurden in Erster Hilfe und in der Bekämpfung von Bränden, 1945 noch im Karabiner- und Panzerfaustschießen unterwiesen.

Potsdam war bisher von Luftangriffen der Alliierten weitgehend verschont geblieben. Jedoch bei dem großen Luftangriff am 14./15. April 1945 wurde besonders der historische Stadtkern schwer beschädigt. Unser riesiger Internatskomplex zu beiden Seiten der Lindenstraße, nahe der Garnisonkirche, war wie durch ein Wunder so gut wie verschont, und

Morgenappell 1944 im Großen Militär-Waisenhaus in Potsdam.

die mit Ziegeln gedeckten Dächer der Gebäude waren heil geblieben. Einzelne Brände in der Nachbarschaft und der damit verbundene Funkenflug zwangen unseren Direktor zum Handeln. Obwohl immer noch Bomber der Alliierten über der Stadt kreisten, beorderte er einige Jungen, dazu gehörte auch ich, auf den Dachböden und den Dächern unserer mehrgeschossigen und langen Internatsgebäude ständig Kontrollgänge durchzuführen und, wenn erforderlich, Brände zu bekämpfen. Meine Einsatzstelle war das in unmittelbarer Nähe zur Garnisonkirche gelegene lange Dach. Noch war alles in Ordnung.

Plötzlich sah ich, daß der Kirchturm mit dem berühmten Glockenspiel lichterloh brannte. Eben noch ertönte die Me-

Die 1945 zerstörte Kuppel des Militär-Waisenhauses.

lodie zu „Üb immer Treu’ und Redlichkeit“, als durch die Hitze des Feuers schon die ersten Glocken zersprangen und dabei furchterregende Geräusche von sich gaben. Noch geschah nichts, bis schließlich ein Lehrer und drei Jungen von uns zum Löschen des Brandes abkommandiert wurden.

Inzwischen verstärkten sich auf dem Kirchturm deutlich die Einsturzgeräusche. Immer mehr brennende Gegenstände und dann auch Teile des Glockenspieles fielen herab. Schaurig anzusehen und anzuhören.

Plötzlich überfiel mich eine Untergangsstimmung. Ich ahnte aber noch nichts von der Gefahr, in der ich bald schweben würde. Ich sah noch, wie die kleine Löschmannschaft schnell von der Kirche wegrannte. Aus nächster Nähe erlebte ich jetzt den Einsturz des Turmes der Garnisonkirche, dieses wunderbaren und uns so vertrauten Gebäudes. Hier waren wir zum Konfirmationsunterricht und zum Kindergottesdienst gewesen.

Viel Zeit zum Nachdenken blieb nicht. Urplötzlich brach die Hölle los: Ein riesiger und dichter Funkenregen ergoß sich über mich und über den von mir zu schützenden Dachabschnitt des Internates. Unbeirrt löschte ich mit Wassereimer und Feuerpatsche die Brände, die immer wieder auf den schmalen Schornsteinfegerstegen ausbrachen. Als alles vorbei war, wurde ich von unserem Direktor sehr gelobt.

Wenige Tage danach, die Russen standen laut Nachrichtenmeldungen bereits in Erkner, mußten wir eines Morgens in aller Eile unsere Tornister packen und auf dem Hof antreten. Natürlich konnte das nur bedeuten, daß wir nun tatsächlich zur Verteidigung von Potsdam eingesetzt würden. Unser Direktor erschien und gab folgendes bekannt: „Es gibt Befehle und Gegenbefehle. Der Stadtkommandant von Potsdam befiehlt uns, sofort die Stadt zu verlassen und uns nach Westen abzusetzen!“

Das konnte doch nicht wahr sein! Wozu hatten wir denn gelernt, mit der Panzerfaust umzugehen? Zu diesem Zeit-

Eine Aufnahme aus dem Jahr 1944. Mit 11 Jahren kam ich 1940 in die Internatsschule Großes Militär-Waisenhaus Potsdam. Als Kadetten trugen wir eine dem Militär ähnliche Uniform.

punkt zählten wir nur noch etwa 20 Jungen und drei Lehrer unter der Leitung unseres Direktors. Alle anderen Lehrer und Internatsschüler waren bereits nach Westen evakuiert worden. Nur wir „Wehrtüchtigen" waren in Potsdam verblieben.

Ich wußte, daß meine Mutter mit meinen beiden Geschwistern Karin und Christian noch rechtzeitig aus Königsberg nach Göttingen zu meiner Großmutter hatte flüchten können. Dann kam im Radio die Meldung, Göttingen sei nach hartem Kampf gefallen. Aber jetzt war nicht die Zeit für solche Gedanken.

Inzwischen war auf unserem großen Internatshof ein Wehrmachts-LKW mit einem Soldaten am Steuer eingetroffen, der auf Anordnung des Potsdamer Stadtkommandanten unsere Marschverpflegung und Tornister transportieren sollte. Wir selbst mußten allerdings zu Fuß gehen. Wir trafen dann aber immer wieder an jeweils festgelegten Orten auf unseren LKW. Zwischendurch mußten wir öfter wegen Tieffliegern in Deckung gehen. Es fielen auch Schüsse, aber zum Glück wurde niemand verletzt.

Nach etwa zehn Tagen Fußmarsch trafen wir in der Nähe von Lübeck ein. Wir schliefen, wie die Nächte zuvor, in einer Scheune. Morgens hörten wir ganz nah Gewehr- und Maschinengewehrfeuer, das aber nur kurz andauerte. Plötzlich aufgeregte Stimmen vor der Scheune!

Das Scheunentor wurde aufgestoßen, herein stürmten britische Soldaten, das Gewehr im Anschlag. Sie befahlen uns aufzustehen, die Hände über den Kopf zu heben und vor der Scheune anzutreten. Wir wurden nach Waffen durchsucht. Dann durften wir die Hände wieder herunternehmen. Unfaßbar! Wir waren jetzt tatsächlich Kriegsgefangene.

Unser Direktor sagte uns, daß nun die größte Gefahr vorbei sei. Der Potsdamer Stadtkommandant sei sehr besorgt um uns gewesen, er hätte stark gehofft, daß wir alle bis zu den Westalliierten durchkommen würden. Viel später erst wurde mir klar, daß wir diesem Mann unser Leben zu verdanken haben.

Wir standen immer noch in Reih' und Glied vor der Scheune. Ein britischer Militärjeep kam angebraust und stoppte. Ein Offizier stieg aus. Er schritt langsam unsere Front ab und sah jedem einzelnen ins Gesicht. Zuerst leise, dann immer lauter sagte er: „O, poor boys, poor boys!“

Er gab an seine Soldaten kurze Anweisungen, bestieg wieder den Jeep und fuhr davon.

Während wir weiter warteten, beobachteten wir gebannt, wie die englischen Militärkolonnen vorrückten. Plötzlich stoppten zwei LKWs, die Fahrer befahlen uns aufzusteigen. Unser Wehrmachts-LKW durfte uns mit dem Soldaten am Steuer weiter begleiten. Vereinzelt hörten wir noch Schüsse.

Schon bald konnten wir erkennen, daß wir in Richtung Lüneburg fuhren. Am Stadtrand hielten wir zunächst vor einem Gefangenenlager. Wir durften aber nicht absteigen. Zum ersten Mal sahen wir gefangene deutsche Soldaten in so großer Anzahl. Einige blickten uns entsetzt an.

Nach kurzer Zeit ging es weiter. Wir fuhren durch das unzerstörte, schöne Lüneburg bis zu einer auf einer kleinen Anhöhe gelegenen Jugendherberge. Sie sollte für eine unbestimmte Zeit unser Quartier werden. Wir erhielten den Auftrag, den Inhalt von zwei auf dem Lüneburger Güterbahnhof abgestellten Güterzügen auf britische Militär-LKWs umzuladen. Es handelte sich um Lebensmittel und Konserven. Von da an ging es uns verpflegungsmäßig paradiesisch, wir durften soviel nehmen, wie wir essen konnten. Die Engländer verteilten dann auf dem Marktplatz die Lebensmittel an die Lüneburger Bürger. Diese faßten langsam Vertrauen zur Besatzungsmacht. Auch wir waren inzwischen in der Stadt bekanntgeworden, denn jeden Tag konnten die Bewohner uns sehen, wenn wir, die „Kadetten“, geschlossen über den Marktplatz zum Güterbahnhof und zurück zur Jugendherberge liefen. Wir waren schon von weitem zu erkennen, denn die einzige Kleidung, die wir besaßen, war immer noch unsere Uniform.

Nach etwa vier Wochen war unsere Arbeit erledigt. Wir bekamen Entlassungspapiere und durften gehen, wenn unser Zuhause in einer westlichen Besatzungszone lag. Beim Abschied von meinen Lehrern und Internatskameraden, einer Gemeinschaft, die inzwischen ganz fest zusammengewachsen war, gab es Tränen. Was uns daheim erwartete, wußten wir nicht, wir hatten keinerlei Information.

Per Anhalter mit alliierten Militärfahrzeugen erreichte ich schon nach zwei Tagen das unzerstörte Göttingen. Als ich auf unser Haus zulief, erkannte mich als erste meine Schwester. Sie schrie so laut, daß die ganze Familie in den Garten gestürzt kam. Sogar mein Vater war schon zu Hause. Wir hatten tatsächlich alle diesen furchtbaren Krieg unbeschadet überstanden!

Als meine Eltern mich zum weiteren Schulbesuch anmelden wollten, lehnte das Schulamt mit der Begründung ab, ich würde als ehemaliger Kadett eine Gefahr für den ordnungsgemäßen Schulbetrieb bedeuten. Da so vieles neu aufzubauen war, beschloß der Familienrat, daß ich das Maurerhandwerk erlernen sollte. Ich schaffte es dann doch vom Maurer über die Abendschule und ein Studium bis zum Direktor, weil ich inzwischen gelernt hatte, mit den mir in den Weg gelegten Steinen eine Karriere-Treppe aufzubauen.

Aus: „Wir wollten leben“, Reihe ZEITGUT, Band 5.

[Bremen;
1945]

Theresia Nobel

Ein Ei zum Geburtstag

Wir waren Ende Februar 1945 aus der Kinderlandverschikkung von Sachsen nach Bremen zurückgekehrt. Wegen der vielen Luftangriffe und des ständigen Beschusses durch den Feind, der vor der Stadt lag, mußten wir die meiste Zeit im Bunker verbringen. Dort saßen wir alle in völlig überbelegten Räumen. Es war so heiß und sauerstoffarm, daß man nicht einmal ein Streichholz zum Brennen bringen konnte.

In den letzten Kriegstagen sprach sich herum, daß ein Eiergroßhändler seine Vorräte lieber an die Deutschen verteilen wollte, als sie später den Besatzern zu überlassen. Unsere Familie zählte zu dieser Zeit fünf Personen. Wir bekamen 120 oder 150 Eier, genau weiß ich es nicht mehr. Man stelle sich das vor, so viele Eier in dieser Zeit der Entbehrungen!

Die Eier wurden im Haus versteckt, ein Teil zwischen den halbverbrannten Fußbodendielen, ein Teil im Keller unter dem Deckel der Wasseruhr, ein Teil in einem rasch errichteten Verschlag unter der Kellertreppe. Den Rest vergruben wir zwischen dem Kellerfenster und den Verblendsteinen, die vor allen Kellern als Schutz vor dem Druck explodierender Bomben und vor Bombensplittern angebracht worden waren. Damit ja niemand sie uns wegnahm! Diese Menge Eier ersparte uns den Hunger!

Der Krieg war aus. Inzwischen schrieben wir den 15. Mai. Mir fiel ein, daß Lore, meine Klassenkameradin, Geburtstag hatte. Lore und ihre Familie hatten viel Schlimmes durchgemacht. Zuerst wurden sie in der Nordstraße, wo sie ein Textilgeschäft betrieben, ausgebombt. Sie fanden daraufhin Unterkunft in der Hamelner Straße.

Als Lore mit uns zusammen aus der Kinderlandverschikkung nach Hause kam, war auch dieses Haus zerstört. In

Meine Gruppe aus dem Religionsunterricht in den Trümmern der St.-Marien-Kirche von Bremen. Das Foto entstand anläßlich unserer Schulentlassungsfeier im Frühjahr 1945. Diese Feier gestaltete die Katholische Kirche, sie war ein besonderes Fest. In Bremen gibt es nicht so viele Katholiken, wir waren eine Ausnahme. Links außen bin ich zu sehen, dahinter meine Schwester Hildegard.

der Bäckerei an der Ecke erfuhr sie, wo ihre Eltern sich aufhielten. Sie wohnten mit mehreren Personen in der Waller Heerstraße in einem kleinen Laden ohne Nebenräume. Sie hatten kaum Möbel zur Verfügung und schliefen auf dem Fußboden. Lore erzählte mir in diesen Tagen, daß sie nach einem Angriff eine Frau gesehen habe, die ein Kind auf dem Arm trug, das keinen Kopf mehr hatte.

Ich wollte Lore etwas Gutes tun und ihr zum Geburtstag ein Ei schenken. Meine Mutter erlaubte es. Rasch lief ich zu Lore und gab ihr das Ei in die Hand. Später erzählte sie mir, daß sie vor Freude geweint habe. Und sie sagte mir auch, wie es mit dem Ei weiterging.

Lores Mutter hatte die Nachbarn, die nicht ausgebombt waren, gebeten, ihr etwas Mehl und Zucker zu geben, damit sie für ihre Tochter einen kleinen Kuchen backen konnte. Während sie sich eine Weile bei ihnen aufhielt, stürmten amerikanische Besatzungssoldaten, die vor dem Haus Kabelarbeiten verrichtet hatten, in den Laden. Sie waren betrunken, stürzten das Regal um, das Lores Mutter aus ihrem Textilgeschäft in der Nordstraße gerettet hatte. Und das Ei, das für den Geburtstagskuchen bestimmt war, warfen sie an die Wand!

Aus: „Wir wollten leben", Reihe ZEITGUT, Band 5.

[Köln;
Mai 1945]

Hans Engels

Die Heimkehr

Es war, als wäre alles neu. Ein klarer Himmel wölbte sich in leuchtendem Blau, leergefegt vom Grau der Regenwolken, gereinigt und erlöst vom Lärm der Flugzeuge und deren todbringenden Geschossen.

Der schon laue Hauch des Windes lud ein, die Fenster weit zu öffnen, damit er den Frühling hineinwehen könne. Alle Kreatur atmete auf, sog ein den Atem des Friedens.

Endlich! Das Licht des Frühlings hatte den Krieg vertrieben. Fast schien es so, als hätte der Völkerstreit die Menschen kaum in Bedrängnis gebracht, kaum Angst und Schrekken verbreitet. Die dunklen Schatten schienen verflogen.

Alles drängte hinaus ans Licht nach der langen Haft durch die Gewalt böser Mächte. Selbst die Dinge des Alltags mußten nach draußen gebracht werden. Der Teppich aus dem Wohnzimmer, das Sofa, die Matratzen, die Kleider aus den Schränken, alles mußte gleichsam befreit werden von der Erinnerung todbringender Enge, sollte den frischen Duft der Erlösung atmen, um für ein neues Leben dazusein.

Fräulein Theres war eine der eifrigsten. Unaufhörlich war sie mit Teppichklopfer und Bürste dabei, den Staub der letzten Zeit herauszuklopfen.

Selbst Mutter konnte wieder lächeln, wenn sie in die helle Welt da draußen blickte. Es war ja auch herzerfrischend, den davonziehenden Staubwolken nachzublicken, die Theres in einem fort aus den Polstern trieb. Trat Mutter aber wieder zurück in den Schatten des Zimmers, erblickte man die Spuren der letzten Monate in ihrem Gesicht. Den Tod eines Kindes wischt eine Mutter nicht so leicht hinweg. Zu tief gruben sich da Spuren ein, die auch durch den Frieden wohl nie ganz ausgelöscht werden können. Immer wieder trübt der Erinnerung dunkle Nacht den neu erstehenden Tag.

Oft strich ihre Hand nur so im Vorübergehen über meinen Kopf. Ich wagte dann kaum zu ihr hochzublicken. Ich wußte, ihr Mund lächelte, aber aus ihren Augen schossen die Tränen hervor. Und dann mußte auch ich weinen.

Ich, knapp drei Jahre alt, war ihr ja noch verblieben. Von Vater hatten wir lange nichts mehr gehört. So war ich für sie wohl Trost und Hoffnung, Sinn und Aufgabe, auch Heilkraft für die immer noch schmerzende Wunde.

Allein der Anbruch des Frühjahrs, die Hoffnung auf Vaters Heimkehr, das Gefühl, tätig sein zu müssen, ließen dann und wann die Erinnerung etwas verblassen. Für immer längere Augenblicke entschwand das Bild von dem kleinen, weißen Sarg vor ihren Augen, aus ihren Gedanken.

Hell leuchtete die Sonne durch die Fensteröffnung in die Küche. Der Nachbar freute sich, daß die Goldfische Winter und Krieg gut überstanden hatten. Nun säuberte er das Bekken draußen vom dunklen, fauligen Schlamm. Auch die Gartenzwerge standen da schon aufgereiht; sie sollten bald ein neues Kleid erhalten. Nun, das alte war auch schon arg angenagt von den Unbilden der Zeit und des Wetters. Und im Meisenkasten am alten Kirschbaum zirpte es ungeduldig, ja gefräßig, wenn emsige Meiseneltern Futter brachten.

Theres klopfte gerade den Staub aus dem Sofa. Staubwolken zogen langsam davon. Da hielt sie mitten in der Bewegung inne und ließ den Klopfer langsam auf das Polster sinken. Ihr Gesicht erstarrte vor Schreck. In der davonziehenden Staubwolke stand ein Mann, ein Fremder.

Er sah auf Theres und versuchte zu lächeln. Aber in dem

verwegen aussehenden Gesicht schien sich das Lächeln zu einer Grimasse zu verzerren. Der Mann kam näher, und Theres streckte ihm eine Hand entgegen. Der Mann nahm sie mit beiden Händen und hielt sie eine kurze Weile fest. Theres bewegte lautlos die Lippen. Sie versuchte etwas zu sagen, aber ihre Stimme versagte.

Der Mann wischte sich mit der Hand über sein Gesicht, dann wandte er den Kopf zum Fenster und sah mich an. „Und du bist der Hans“, meinte er sofort.

Sein unrasiertes Gesicht war ganz naß, aber die klaren Augen blickten mich freundlich an. Im selben Augenblick hörte ich hinter mir den erschrockenen, unterdrückten Aufschrei meiner Mutter. Aber sie kam nicht ans Fenster; sie blieb im hinteren dunklen Winkel der Stube.

Der Mann sah mich mit seinen nassen Augen an und fragte mit zitternder Stimme: „Und wo ist dein Bruder?“

Aber noch ehe ich etwas sagen konnte, nahm Theres den Mann bei der Hand und führte ihn ein Stück beiseite, dorthin, wo ich beide nicht mehr sehen konnte. Ich aber wußte in diesem Augenblick: Der Mann mußte mein Vater sein, von dem Mutter mir so oft erzählt hatte. Ich glaube, es waren die klaren Augen, die mich angeblickt hatten und die mir Freude und Zuneigung verrieten. Oder hatte sich gar sein ganzes Gesicht mir geöffnet?

Vater und Mutter haben an diesem Tag noch sehr viel geweint. Und immer, wenn ich das sah, mußte auch ich weinen, und auch die Theres. Aber wenn Vater mich dann mit nassen Augen ansah, so schimmerte doch hinter dem Schmerz ein kleines Glück hindurch, ein, wenn auch noch schwacher, Strahl der Hoffnung, ohne den aber niemand leben kann.

Aus: „Gebrannte Kinder“, Reihe ZEITGUT, Band 1.

[Türmitz, Kreis Leobschütz*) – Breslau**) – Osterode, Südharz – Herzberg; 1945–1950]

Erika Wagner

Die Puppe

Im Januar 1945 durchstießen die Divisionen der Roten Armee auf breiter Front die Ostgrenze des Deutschen Reiches. Die größte Fluchtbewegung in der Geschichte der Menschheit setzte ein. Millionen Deutsche flohen in westliche Richtung. In diesen furchtbaren, bitterkalten Januartagen zogen sie, nur das Nötigste auf Pferden, Leiterwagen, Kutschen oder Handwagen verladen, in eine ungewisse Zukunft.

Unter den Flüchtlingen auch wir: meine Mutter, zwei ältere Schwestern und ich, gerade drei Jahre alt. An dem Kinderwagen, in dem ich saß, waren meine Schwestern, eine an jeder Seite, angebunden, damit sie nicht verlorengingen. Jede trug einen Rucksack, in dem ein paar Habseligkeiten waren, hauptsächlich Sachen zum Anziehen und etwas Nahrung.

Wir kamen aus Leobschütz in Oberschlesien und waren auf dem Weg nach Breslau. Von dort, so hoffte Mutter, würden wir mit einem Flüchtlingstransport nach Westen gelangen. Nach tagelangem Fußmarsch, fast am Ende der Kraft, erreichten wir den Breslauer Bahnhof. Hier wurden wir fürs erste vom Deutschen Roten Kreuz versorgt. Es gab warmes Essen und etwas Milch für uns Kinder, auch Wegzehrung bekamen wir mit. Nach endlosem Warten hatten wir das Glück, mit einem Transport mitzukommen. Die Waggons

*) heute Głubczyce, Górny Śląsk in Polen, **) Wrocław, Dolny Śląsk in Polen

waren mit Stroh ausgelegt, in dem wir nun etwas schlafen konnten. Aber nicht lange, ruckartig bremste der Zug. Die Menschen schrien: „Fliegeralarm! Aussteigen!“

Also raus aus dem Zug und irgendwo Deckung nehmen. Als der Angriff vorbei war, ging es weiter. Wir hatten wieder mal Glück gehabt, uns war nichts passiert und dem Zug auch nicht! Ab und zu hielten wir auf irgendeinem Bahnhof, Schwestern des Roten Kreuzes versorgten uns mit Trinkwasser und Brot. Nach Tagen der Irrfahrt erreichten wir Osterode, eine kleine Stadt am Rande des Südharzes. Hier stiegen wir aus und wurden in den Holzbaracken eines Flüchtlingslagers untergebracht. Als erstes wurden wir entlaust. Ich hatte richtige Läusenester, daher wurde mir der Kopf kahlgeschoren. Ich schrie fürchterlich, aber es half nichts! Auf dem langen Fluchtweg hatten wir keine Gelegenheit gehabt, uns zu säubern. Flüsse und Seen, in denen wir uns hätten waschen können, waren zugefroren. So kamen wir verdreckt und zerlumpt hier an. Das Wichtigste war, daß wir endlich ein Dach über dem Kopf hatten. Wir schliefen auf zwei Matratzen. In der Baracke, in der wir untergebracht waren, befanden sich noch zwei andere Familien aus Leobschütz. So konnten sich die Frauen und größeren Kinder über die Heimat und vieles andere austauschen.

Am meisten sorgten sich die Frauen um ihre Männer, denn die waren ja an der Front oder in Kriegsgefangenschaft. Niemand wußte etwas Genaues. Später hängte die Lagerverwaltung am Informationsbrett Listen aus mit Namen gefallener Soldaten. Banges Warten, wenn Mutter mit mir auf dem Arm in der langen Schlange anstand, um dann zu sehen, ob Vaters Name auf der Liste war.

Nach einem halben Jahr wurden wir in eine andere Stadt, nach Herzberg, in ein anderes Lager gebracht. Nach weiteren sechs Monaten bekamen wir endlich eine eigene Wohnung zugeteilt. Herr Hoffmann, unser Flüchtlingsbetreuer, hatte sehr darum gekämpft. Wer wollte schon eine Frau mit drei kleinen Kindern aufnehmen? Dazu noch Flüchtlinge! Wir waren ja Menschen zweiter Klasse! Das bekamen wir sehr oft zu spüren.

Für Mutter war es das Wichtigste, das Lager verlassen zu können. Als wir uns, frisch gewaschen und sauber angezogen, mit Herrn Hoffmann bei der Hausbesitzerin vorstellen wollten, erlebten wir eine furchtbare Enttäuschung. Eine Frau mittleren Alters öffnete uns die Haustür. Als sie uns erblickte, faßte sie sich mit beiden Händen an den Kopf und schrie: „Nein, nein, um Gottes Willen, solche Leute nehme ich nicht auf!" und warf uns die Tür vor der Nase zu.

Wir erschraken, damit hatten wir nicht gerechnet. Meine Mutter weinte vor Scham und Wut, und wir Kinder heulten mit. Aber Herr Hoffmann, unser freundlicher Betreuer, beruhigte uns. Mich nahm er auf den Arm, weil ich am lautesten schrie, obwohl ich sicher nicht wußte, warum. Wir setzten uns auf eine Treppe vor dem Nachbarhaus, und Herr Hoffmann ging noch einmal allein zu der Frau. Es dauerte eine ganze Zeit, bis er zurückkam und uns holte. Wir wurden zwangseingewiesen. Unsere „Wohnung" bestand aus einem Zimmer auf dem Dachboden. Später erfuhren wir, warum die Vermieterin so böse reagiert hatte. Der Anblick meiner Glatze hatte sie irritiert, das war zuviel für sie gewesen.

Herr Hoffmann stattete uns erst einmal mit dem Nötigsten aus. Zwei Matratzen zum Schlafen, ein Tisch, ein Ofen, zwei Stühle und eine Kiste, die uns als Schrank diente, das war unsere Einrichtung. Aber wir waren glücklich!

Tage nach dem Einzug besuchte uns Frau Köhler, eine Mitbewohnerin des Hauses, und brachte uns zwei Decken und Nahrungsmittel. Die nette Frau half, wo immer sie konnte. Vier Jahre wohnten wir auf diesem Dachboden.

Meine Mutter fand in einer Fabrik Arbeit im Drei-Schicht-Dienst. Und an den Wochenenden verdiente sie sich noch ein Zubrot, indem sie bei „besseren" Leuten Wäsche wusch. Im Sommer halfen wir den Bauern bei der Ernte.

Alles in allem, für mich, die jüngste, und für meine beiden Schwestern war es eine schwere Kindheit. Mutter hatte nicht die Zeit, um uns viel Zuwendung zu geben. Sie mußte hart arbeiten. So erging es damals vielen Frauen, deren Männer aus dem Krieg nicht zurückkamen. Wir Kinder waren auf uns alleingestellt, während Mutter arbeitete. Die große Schwester beaufsichtigte uns mehr oder weniger. Unser Vater war seit der Stalingrader Schlacht vermißt. Wir erfuhren nie Genaueres. Wir drei Mädels wuchsen eben ohne Vater auf. Wir lernten sehr früh, allein zurechtzukommen.

Einmal bekamen wir zu Weihnachten eine Puppe, wohlgemerkt, *eine* Puppe für uns drei. Es war die schönste Puppe, die ich je gesehen habe. Sie hatte einen Porzellankopf mit einem wunderschönen Gesicht, mit langen, schwarzen Augenwimpern, Schlafaugen und braunen, langen Zöpfen. Der Körper war mit Sägespänen prall gefüllt, Hände und Füße waren auch aus Porzellan. Ich hatte die Puppe gleich in mein Herz geschlossen. Aber wie nun durch drei teilen?

Mutter hatte die Idee, jede von uns solle einen Tag mit der Puppe spielen, so daß sie jeden Tag eine andere Puppenmutti hatte. Eine Zeitlang ging das auch gut. Aber dann wollte ich plötzlich mein Puppenkind nicht mehr hergeben. Am Abend versteckte ich es im Holzschuppen.

Als Mutter am nächsten Tag von der Arbeit kam, petzte meine Schwester natürlich, daß ich ihr die Puppe nicht gegeben hatte. Mir blieb nichts anderes übrig, ich mußte sie holen. Aber, oh Schreck! Die Puppe war völlig durchnäßt! Was war bloß passiert?

Nachts muß es wohl tüchtig geregnet haben. Die Sägespäne im Innern ihres Körpers waren schwer wie Blei. Als ich Mutter die Puppe reichte, bekam ich die erste Ohrfeige in meinem Leben. Zur Strafe durfte ich einen Monat lang nicht mit ihr spielen. Ich wußte nun, was teilen heißt.

Aus: „Nachkriegs-Kinder", Reihe ZEITGUT, Band 2.

[Sulzbach-Rosenberg, Oberpfalz;
1945–1955]

Helga Kamm

Geschichten vom Rübezahl und Butterbrote

Eine eigene Oma habe ich nie kennengelernt. Die beiden, die ich hatte, waren schon vor meiner Geburt gestorben. Aber ich hatte die Oma Fuchs, zehn Jahre lang. Oma Fuchs kam aus Schlesien. Zusammen mit einer nicht verheirateten Tochter, mit Sohn, Schwiegertochter und zwei Enkelkindern in meinem Alter wurde sie 1945 im Haus meiner Eltern einquartiert. Flüchtlinge waren sie. Das Wort hatte damals für mich keine Bedeutung, ich war zwei Jahre alt.

Wenn ich heute sehe, lese, reden höre über Flüchtlinge, Asylsuchende, Menschen, die zu uns kommen, weil sie ein besseres Leben erhoffen, wenn ich Abneigung beobachte, Neid, ja Haß, dann frage ich mich, warum das damals so anders war. War es anders, oder sind mir, dem Kind, die Probleme nur nicht bewußt geworden? Gab es Probleme? Ging es so gut, weil alle arm waren?

Wir waren arm, meine Eltern, mein Bruder und ich, jedenfalls nach heutigen Maßstäben. Aber wir hatten Haus und Garten, ein paar Hühner, manchmal ein Schwein.

Die Flüchtlinge hatten nichts, zunächst einmal. Die vierköpfige junge Familie Fuchs bekam in unserem Haus zwei Zimmer und eine Kammer, Oma Fuchs und ihre Tochter Liesel zusammen ein Zimmer. Unsere Familie und auch die bisherigen Mieter im Haus, ein Ehepaar und eine ältere Frau, waren enger zusammengerückt. Keiner wehrte sich dagegen, alle vertrugen sich. Ob es tatsächlich so war, immer so war, ich weiß es nicht. Für uns Kinder jedenfalls war diese Enge, dieses intensive Miteinander wunderschön. Mein Bruder und ich hatten über Nacht mit Hanne und Uli Fuchs zwei Spielkameraden, fast zwei Geschwister, bekommen. Und: Wir hatten Oma Fuchs, eine Oma!

Oma Fuchs, sie hieß Juliane, war alt. Sie mag damals vielleicht in dem Alter gewesen sein, in dem ich heute bin – für mich war sie alt. Wenn ich mir ihr Bild in Erinnerung rufe, sehe ich sie klein und rundlich, das graue Haar zu einem Knoten zusammengesteckt, meist eine Kleiderschürze und Pantoffeln tragend. Ihre Sprache war anders als unsere oberpfälzische, aber ich verstand sie. Und je älter ich wurde, desto mehr Ausdrücke übernahm ich von ihr. Irgendwann konnte ich auch so reden wie sie oder die anderen Flüchtlinge: nicht mehr oberpfälzer Dialekt, sondern, wenn auch ein wenig schlesisch gefärbt, nach der Schrift. Das war einer der vielen Vorteile dieses Zusammenlebens mit Menschen aus einer anderen Ecke Deutschlands.

Es gab viele andere Vorteile. Der wohl größte: Oma Fuchs hatte Zeit. Während meine Eltern Heu einfuhren, Äpfel ernteten, der Vater Bäume beschnitt und die Mutter den Hühnerstall ausmistete, saß Oma Fuchs auf der Bank im Hof, paßte ein wenig auf uns Kinder auf, beantwortete Fragen, erzählte Geschichten.

Ich liebte ihre Geschichten. Sie ließ den Riesen Rübezahl vor meinen Augen lebendig werden, malte seine furchterregende Gestalt und seinen roten Bart, den knorrigen Stock und das Erschrecken der Menschen, die ihm in den Wäldern des Riesengebirges begegneten. Aber der Rübezahl war gut. Was er Gutes tat, wem er half, das weiß ich heute nicht mehr. In meiner Erinnerung war und ist er der gute Berggeist.

Wenn es nicht Sommer war, saßen wir bei Oma Fuchs in der Stube, in ihrer wundervollen Stube. Zwei Betten gab es da, einen Tisch, Stühle, einen Schrank, eine Kommode und einen Herd. Eng war es, und wenn die Dämmerung hereinbrach, dann schürte sie den Herd an. Dann wurde es warm und gemütlich. Sie machte uns Tee und strich Butterbrote. Und wenn sie dann noch eine Geschichte erzählte, dann war diese Stube der schönste Platz, wir die glücklichsten Kinder auf Erden.

1949 kam ich zur Schule. Oma Fuchs hatte eigens Mohnkuchen gebacken, um mir ein Stück davon in meine Schultüte stecken zu können.

Ich habe sie nie klagen hören über ihr Schicksal, wenngleich sie oft davon erzählt hat, was sie zu Hause zurücklassen mußte. Sie lebte in der Gegenwart, interessierte sich für ihre zweite Heimat, auch für das Weltgeschehen.

„Jetzt politisieren sie wieder“, habe ich meine Mutter oft sagen hören, wenn Oma Fuchs mit meinem Vater über Adenauer sprach, über Kriegsgefangene und Heimkehrer, über die junge Demokratie.

Mit meiner Mutter hatte sie andere Themen: Schlesische Mohnklöße, Streuselkuchen, der Karpfen zu Weihnachten, bayerische Küchel. Sie tauschten Rezepte aus und profitierten voneinander. Viele schlesische Gerichte lernten wir kennen und lieben. Es gab sie auch später noch auf unserem Tisch, als „unsere Flüchtlinge“ nicht mehr bei uns waren.

Ja, meine Oma Fuchs war nur eine Oma auf Zeit. Zehn Jahre lang lebte sie in unserem Haus, immerhin meine Kindheit lang.

Es kam die Zeit des Wirtschaftswunders, der Sohn und seine Familie bauten ein Haus, Oma Fuchs und Liesel fanden eine schöne Wohnung. Und wir waren wieder allein. Zwölf Jahre war ich alt, als wieder mehr Platz war im Haus, aber auch Leere. Mein Bruder und ich bekamen eigene Zimmer, aber vorbei war die Zeit der Märchen und Butterbrote.

Es war eine schöne Zeit. Das ist nicht nur meine Erinnerung, oft habe ich diesen Satz auch aus dem Mund von Oma Fuchs gehört, später, wenn wir uns wiedertrafen.

Noch später, im Pflegeheim, wußte sie nichts mehr davon, erkannte sie mich nicht mehr.

Manchmal komme ich an ihrem Grab vorbei und bleibe kurz stehen. Sie war meine Oma, die einzige, die ich hatte.

Aus: „Nachkriegs-Kinder“, Reihe ZEITGUT, Band 2.

[Hannoversch Münden, Niedersachsen;
Ende 1945]

Gabriele Schmidt

Stromsperre

Ein paar Monate nach Kriegsende. Der größte Teil unserer Familie war während des Krieges aus Berlin nach Hannoversch Münden evakuiert worden. Dort lebte eine Schwester meiner Mutter, bei der wir allerdings nicht wohnten.

Wir, das heißt meine 24jährige Schwester Lisa, mein 19jähriger Bruder Fred und ich, das 14jährige Nesthäkchen, hausten zusammen in zwei Zimmern einer größeren Wohnung. Dort waren neben den Hauptmietern, zwei ältlichen Schwestern, noch schlesische Flüchtlinge einquartiert. Unsere Mutter konnte leider nicht mit uns zusammenleben, weil sie eine schwer rheumakranke alte Dame betreute, wofür sie auch nachts bereit sein mußte. Mutti war bereits seit sieben Jahren Witwe und bekam in der ersten Zeit nach Kriegsende keine Pension. So lag die Last, uns Heranwachsende und ewig Hungrige satt zu bekommen, allein auf den Schultern unserer großen Schwester. Sie verdiente ihr Geld als Dienstmädchen bei einer alteingesessenen Holzhändlerfamilie, bis sie wieder in ihrem erlernten Beruf Fuß fassen konnte.

Die Einheimischen der vom Krieg nicht zerstörten Städte hatten es mit Abstand leichter als die Vertriebenen und Evakuierten, die Nachkriegsjahre mit all den Entbehrungen und dem Hunger zu überstehen. Sehr viele von ihnen hatten Gärten oder außerhalb der Ortschaft ein Stückchen Land und konnten so mit dem Anbau von Obst und Gemüse die zugeteilten Nahrungsmittel ergänzen. Auch hatten sie noch ihre Fenstervorhänge, aus denen man hübsche Röcke und Kleider nähen konnte, sie besaßen verwertbare Tisch- und Bettwäsche, sie hatten ihren Hausstand nicht durch Bomben oder Feuer verloren. Sie verfügten, wenn sie zu den Bauern gingen, über genügend Tauschobjekte: Teppiche, Brücken, Silber und anderes. Dafür konnten sie Speck, Würste, Eier und andere heißbegehrte Köstlichkeiten mit nach Hause nehmen.

Natürlich erhielten alle Personen Lebensmittelmarken und hin und wieder auch Bezugsscheine für Kleidung und Schuhe. Aber die Einheimischen hatten auch hierbei Vorteile, den Bezugsschein „B“, das heißt, sie konnten ihre Beziehungen spielen lassen: Der eine war mit dem Lederfabrikanten befreundet, der andere mit einer Angestellten des Wirtschaftsamtes, der Verteilerstelle der Lebensmittelkarten, ein dritter mit dem Kaufmann in der Straße, der noch über ein recht gut gehortetes Warenlager verfügte. Die Liste „B“ ist endlos lang, und Tante Trude erfreute sich mehrerer guter Beziehungen. Wir besaßen leider keine, deshalb hatte Lisa echte Beschaffungsprobleme, die zudem durch unsere diversen Beschäftigungen noch vergrößert wurden.

Fred war Abiturient mit Fronterfahrung und arbeitete jetzt beim Wiederaufbau der von deutschen Truppen kurz vor Kriegsende gesprengten Brücken über Fulda und Werra. Da der Schulbetrieb noch nicht wieder begonnen hatte, fand ich einen Job in einer Gärtnerei und wurde deshalb nicht zum Steineklopfen herangezogen. Die ungewohnten Arbeiten führten besonders bei meinem Bruder und mir zu chronischem Hunger. Das alles ließ unser Stimmungsbarometer nicht steigen. Obgleich wir Geschwister sehr aneinander hingen, gab es zu dieser Zeit einige deftige Reibungspunkte. Zu allen Einschränkungen gab es häufig Stromsperre. Dann ging nichts mehr, es herrschte nur noch Finsternis, auch Kerzen waren nicht erhältlich, es sei denn, man hatte sie lange vorher in Massen gehamstert oder durch Tausch erworben.

Eines Abends, Fred und ich trafen nach getaner Arbeit fast gleichzeitig in unserem Domizil ein, war mal wieder der Strom abgeschaltet. Lisa hatte bereits den Abendbrottisch gedeckt. Ein trübseliges Hindenburglichtchen, nicht kraftvoll genug, um einen Schatten zu werfen, krönte das Arrangement. Dies war an jenem Abend fürstlich, denn es gab Harzer Käse satt. Das hatten wir noch nicht erlebt, es war geradezu phantastisch! Gierig machten wir jüngeren Geschwister uns darüber her, während sich unsere große Schwester aufopferungsvoll zurückhielt. Nach meiner Frage, wie sie an die lukullischen Köstlichkeiten in solchen Mengen gekommen sei, antwortete sie lakonisch: „Tante Trude".

„Donnerwetter, sie ist doch wohl nicht krank?" entfuhr es meinem Bruder, der dabei lustvoll weiterkaute.

Dazu muß man wissen, daß meine Tante starken Trennungsproblemen unterworfen war. Sie saß wie eine Glucke auf ihren Hamsterwaren, die sie mit Argusaugen hütete. Bei großem Einfallsreichtum gelang es mir hin und wieder, kostbare Beute zu ergattern. Den Käse heute hatte sie tatsächlich geschenkt. So sagte Lisa nur: „Meckert nicht, freut Euch und seid dankbar!"

Das waren wir, allerdings nicht länger als zehn Minuten. Als ich nämlich unser Zimmer verlassen wollte, sah ich einen erhellten Flur. Es war also keine Stromsperre! Ich meinte: „Unsere Birne muß kaputt sein, im Flur brennt das Licht."

Mein Bruder machte sich sofort an unserer Lampe zu schaffen und nach ein, zwei Drehungen schien auch bei uns wieder Licht, die Birne war nicht festgeschraubt gewesen.

Doch dann ging uns noch ein Licht auf: Wir sahen, nein starrten voll Entsetzen auf die Reste unseres so köstlichen Abendessens. Der Käse, das üppige Geschenk, er lebte! Viele kleine Maden hatten ihn für uns schön aufgelockert und unsere Schwester zur freiwilligen Stromsperre veranlaßt.

Aus: „Nachkriegs-Kinder", Reihe ZEITGUT, Band 2.

[Friedberg, Hessen;
Winter 1945]

Eva Korhammer

Wunderbare Brotvermehrung

Ich war zwölf im Dezember 1945. Unser erstes Weihnachten wieder ohne Angst vor Sirenen, Bomben und Bunker!

Sogar einen Winzling von Weihnachtsbaum hatte mein Vater „organisiert". Einen größeren hätte er ohnehin nicht schleppen können, geschwächt, wie er gerade heimgekehrt war. Ein größerer hätte auch nicht in unsere „Wohnmansarde" unterm Dach gepaßt, diesen Verschlag ohne Wasser und Strom, der uns Bomben-Flüchtlingen zugeteilt worden war. Wenigstens fehlte es dem Winzling an nichts: mehrmals eingeschmolzene Kerzen (Luftschutzzuteilung) mit Dochten aus Pfeifenreinigern, Lametta (Stanniolstreifen, die zu Störzwekken abgeworfen worden waren), Kugeln (aus nassem Zeitungspapier geformt und mit Ich-weiß-nicht-was gefärbt). Was fehlte, waren Backzutaten. Der Bäcker um die Ecke hätte unser Blech mit in seinen Ofen geschoben – wenn was draufgelegen hätte!

Meine Mutter hamsterte unverdrossen für ihr Anstatt-Rezept: Graue Kleie statt Weizenmehl, „Sowei"-Eiersatzpulver, Süßstoff statt Zucker, Natron statt Hefe, Wasser statt Milch. Mit viel Glück konnte sie ein Klümpchen ergattern. Für Rosinen oder Sukkade gab es keine Alternative...

In jenem Winter fing ich an, als Rathauswegweiser zu arbeiten. Dies zu erklären, muß ich meine Zeugnisnoten von damals preisgeben, die aus der Stadt, in der wir ausgebombt worden waren: In der Spalte Kunst stand ein „Ungenügend" (weil ich keinen HJ-Pimpf aus dem Gedächtnis malen konnte), in der für Fleiß ein „Mangelhaft" wegen meines fehlenden Eifers beim Knochensammeln für Seife. – Nur bei Englisch stand ein „Gut". Und das prädestinierte mich nun zum Rathauswegweiser.

Auch die kleine hessische Provinzstadt, in die wir geflohen waren, wollte sich vom Krieg erholen. Ihren Bewohnern lag daran, rasch zu den Besatzungsbehörden vorzudringen, um wieder ein bißchen Ordnung in ihr Leben zu bringen.

Unsere Sieger kamen aus dem Land der unbegrenzten Möglichkeiten und waren gar nicht so unfreundlich. Nur verstanden sie eben kein Wort Deutsch. Und die Bürger des Städtchens nur mäßig Englisch.

Heute würde man sagen, meine Laufbahn sei vorprogrammiert gewesen. Ich sehe es allerdings mehr als Folge meiner guten Beobachtungsgabe. Ich merkte, wie schwer es die beiden Nationen miteinander hatten – und pflanzte mich vor dem Rathaus auf. Möglichst dicht bei den US-Posten. Und sobald ich merkte, daß der Dialog zwischen Bürger und Soldat mangels Vokabeln zu kippen drohte, sprang ich als lebender Wegweiser mit Englischkenntnissen ein. Was ich da radebrechte, hätte meinen Englischlehrer wohl vorzeitig ins Grab gebracht. Die Amis fanden es toll! Sie konnten bald nicht mehr auf mich verzichten und belohnten mich mit „Hershey"-Schokoriegeln, „Schoka-Cola" und Chewing Gum satt.

Das Spielchen war so bequem und ertragreich, daß ich es wohl bis zur Währungsreform durchgehalten hätte. Aber eines sonnigen Wintertages trat Bill in mein Leben. Bill war zwei Meter lang, hatte etwa den gleichen Taillenumfang und wog so seine zwei Zentner. Er arbeitete im Hauptquartier als Koch. Und er fand, ich sähe viel zu unterernährt aus, um bei den Rathausposten herumzulungern. Sprach's, schleppte mich in seine Stabsküche (unsere Turnhalle), räumte den nächstbesten Tisch leer und schöpfte aus beängstigend brodelnden Riesentöpfen, was auf einen großen Eßteller ging. Als nächstes stand ein üppiges, dampfendes, soßiges, fettschimmerndes Mahl vor mir!

Mir wurde schon vom Anblick der ungewohnten Dinge speiübel. Ich fing an zu heulen. Meinen gutherzigen Bill brachte das aus dem Tritt.

Während unserer Evakuierung nach Hessen 1945/46. Man sieht es am Muster – ich trug ein Kleid, das aus der geretteten Küchengardine meiner Eltern genäht worden war.

„Hey, sister!“ flötete er. „Honey! Why are you crying? Tell me, sister, please!“

Wenigstens höflich wollte ich bleiben. „Thank you for this, but I can not, and my name is Eva not Hanni and sister is also not right“, schluchzte ich zusammen.

„Your sister is also not right?“ fragte Bill erschrocken weiter. „How many brothers and sisters do you have?“

Natürlich, Geschwister hieß „brothers and sisters"! Jetzt wußte ich's wieder, und jetzt konnte ich Bill klarmachen, daß ich keine hatte.

„How many?" beharrte Bill.

Die erkaltende Soße bleckte mich aus glibbrigen Fettaugen an. Ich hob abwehrend die Hand. „No..." setzte ich an.

Da hatte Bill schon aufgeschrien. „Five brothers and sisters?" Im nächsten Moment war er verschwunden.

Ich fand mich damit ab, ihn mit meinem Gejammere vertrieben zu haben. Aber an der Tür holte mich seine Stimme ein: „Hej, Eva, wait!"

Bills obere Hälfte verschwand fast hinter einem Karton, der bis zum Rand vollgepackt war mit Weißbrotpäckchen, Schokobarren, Milchpulver, Zucker, Süßkartoffeldosen, Erdnußbutter und noch mehr. Alles in fünffacher Ausfertigung! Ich mußte das Zeug zu kleinen, tragbaren Stapeln türmen, denn Bill bat mich, möglichst unauffällig nach Hause zu bringen, was ich der Stabsküche entzog.

Am ersten Weihnachtstag probte ich mit Erni, Sigrid, Paul und Suse aus meiner Klasse „brothers and sisters". Und natürlich genossen auch meine Eltern, daß mein Englisch so holprig war!

Am Dreikönigstag beichtete ich es Bill aber dann doch. Zur Verstärkung hatte ich Erni, Sigrid, Paul und Suse dabei. Das war wohl ein Fehler. Bill lachte nur und schenkte jedem von uns eine Dose Maiskolben.

Aber als ich das nächste Mal in die Stabsküche schaute, arbeitete dort ein dürrer, muffiger US-Soldat. Ich fand nicht den Mut, ihn nach Bill zu fragen. Wenn ich es getan hätte, wäre mir heute wohler. So nagt immer noch ein Quentchen Reue an mir. Womöglich war Bill über meine fünf Geschwister gestolpert.

Aus: „Nachkriegs-Kinder", Reihe ZEITGUT, Band 2.

[Berlin – Großbeeren, Brandenburg;
1946]

Siegbert Stümpke

„Ihr kriegt mich nie!“

Die ersten Monate des Jahres 1946 waren auch für uns eine harte Zeit. Draußen war es bitterkalt. Wir hatten zwar genügend Holz für unseren Eisenofen, aber die Nahrungsvorräte gingen zu Ende. In unregelmäßigen Abständen bekamen wir beim Bäcker etwas Brot, und der Gemüsehändler verkaufte aus einer Holztonne einmal in der Woche eine vorgekochte Masse aus Futterrüben, Möhren und roten Rüben. Oma bereitete daraus Buletten zu. Aber es reichte hinten und vorne nicht, wir hatten immer Hunger.

Als ich wieder einmal in den Keller ging, um Holz hochzuholen, fiel mein Blick auf die Regale in Opas Malerwerkstatt. Dort standen noch fast hundert Pakete Tapetenkleister. „Wenn man den essen könnte“, dachte ich und fragte Oma, ob man den Kleister gekocht essen könnte.

„Das ist Zell-Leim“, erklärte sie, „hol mal ein Paket her!“

Oma las die Beschreibung und sagte zu meiner Mutter: „Der Junge hat doch immer wieder gute Ideen! Wir können es ja mal probieren, als dicke Suppe. Vielleicht schmeckt's sogar. Süßstoff haben wir ja reichlich.“

Ich wurde ungeduldig und holte einen Eimer. „Laß uns anfangen“, drängte ich. Meine Mutter meinte noch, wir könnten doch einen Topf nehmen. „Auf dem Paket steht: Der Inhalt reicht für zehn Liter Leim“, warf ich ein. Ich wollte gleich eine große Portion Kleistersuppe haben. Ich rührte den Leim ins Wasser und wartete gespannt, ob er dick werden würde. Nach einiger Zeit betrachtete ich zufrieden die Masse. Meine große Schwester konnte es auch kaum erwarten. Oma nahm einen Topf, setzte Süßstoff hinzu und ließ die Suppe vorsichtig aufkochen.

Meine beiden Schwestern und ich saßen schon am Tisch, als Oma die bis zum Rand gefüllten Teller vor uns hinstellte. Ein etwas eigenartiger Geruch stieg uns in die Nase. An den Geschmack mußten wir uns erst gewöhnen, aber der Magen wurde voll. Der Gedanke, daß wir noch hundert Pakete von dem Leim hatten, machte uns zuversichtlich, gut über den kalten Winter zu kommen.

Im Frühjahr konnte man bei Zeitungshändlern kleine Hefte über eßbare Wildpflanzen kaufen. Die Leute sammelten alles, was den Magen füllte. Ich war auch unterwegs, aber bald waren Brennesseln so selten wie Bananen. Ich brachte viele Pflanzenarten, von der Melde bis zum Gänseblümchen, nach Hause. Da ich mich gut auskannte, war mein Korb immer randvoll, aber nicht alles schmeckte. Am schlimmsten war die Sauerampfersuppe, sie war schleimig und schrecklich sauer, wie der Name schon sagt.

Bald begannen die Hamsterfahrten. Wir fuhren immer mit der S-Bahn bis Lichterfelde Süd und von dort mit dem Dampfzug nach Großbeeren. Bei einem Bauern namens Pauli holten wir Gemüse, nicht gegen Geld, sondern im Tausch gegen Dinge, die wir daheim entbehren konnten. Hatten wir nichts, bekamen wir auch nichts.

Am 12. Juli, meinem 14. Geburtstag, hatte Oma noch nichts zum Tauschen herausgesucht. „Dann fahre ich eben ohne“, meinte ich. Meine Schwester kam mit.

„Laßt euch bloß nicht erwischen!“ ermahnte uns Mutter.

Wenn ich bei den Bauern nichts bekam, wartete ich direkt im Dorf. Von einem Turm aus, es war das Denkmal der Schlacht von Großbeeren gegen Napoleon 1813, hatte ich einen guten Überblick nach allen Seiten und konnte sehen, wenn die letzten Bauern heimkehrten. Gleichzeitig konnte ich die Positionen der Feldwachen mit ihren Fahrrädern ausmachen. Wenn ein Bauer uns das Gemüse gegeben hatte, sagten sie nichts, aber wenn wir es geklaut hatten – und das mußte ich öfter, denn wir hatten bald nichts mehr zum Weggeben, – mußte man sich gewaltig vorsehen. Die Wachen drohten immer, uns den Russen zu übergeben, bei denen man zur Strafe vier Wochen arbeiten müßte, wie es hieß.

Mit dem Gemüse war es immer schwierig. Nie konnten wir mit dem Zug nach Lichterfelde zurückfahren, denn am Bahnhof wartete bereits die Polizei auf die Hamsterer. Sie nahm den Leuten alles weg, auch wenn sie es regulär eingetauscht hatten. Wir mußten deshalb den weiten Weg, es waren mehr als zehn Kilometer, mit unseren Rucksäcken und Taschen zu Fuß zurück zur S-Bahn zu gehen.

Da ich an diesem Julitag für den Bauern nichts zu tauschen hatte, wollte ich auf einem Feld bei Kleinbeeren von den aufgestellten Garben Weizenähren abschneiden, deshalb war meine große Schwester mitgekommen. Wir hatten die Rucksäcke bereits gefüllt und wollten gerade gehen, als hinter einer Garbe plötzlich ein Mann hervorsprang, mich festhielt und auf mich einschlug. Ich rief meiner Schwester noch zu: „Los, lauf weg, so schnell du kannst!“

Der Mann schrie: „Hab‘ ich dich endlich! Dich bring‘ ich jetzt zu den Russen.“

Ich trat ihm mit aller Kraft gegen das Schienbein. Er ging zu Boden, und ich rannte hinter meiner Schwester her. Dabei stützte ich noch mit einer Hand ihren Rucksack, damit sie schneller laufen konnte. Wir steuerten auf ein großes Feld zu, daß noch nicht gemäht war. Der Mann war weit hinter uns. Auf einmal sah ich, daß er mit dem Rad über die Stoppeln fuhr. Bevor er uns erreichen konnte, verschwanden wir im Weizenfeld. Ich richtete den niedergedrückten Weizen hinter mir wieder auf, damit der Feldwächter uns nicht auf die Spur kam. Wir schlichen, tief gebückt, die Rucksäcke auf dem

Rücken. Ich hörte an den Stimmen, daß es jetzt zwei Männer waren, die uns verfolgten. Der eine drohte: „Wenn ich den in die Hände bekomme!“

Dann riefen sie: „Kommt raus! Wir erwischen euch doch!“

Meine Schwester zitterte vor Angst. Ich beruhigte sie: „Du wirst sehen, wir sind bald zu Hause.“

Da wir uns nicht bewegen durften, waren wir von Mücken bald völlig zerstochen, besonders am Hals und auf dem Kopf.

Die beiden versuchten alle Tricks, um uns herauszulokken, aber ich blieb eisern.

„Gut“, drohte einer der Männer, „jetzt schicken wir euch den Schäferhund. Der treibt euch raus.“

Meine Schwester wollte sich vor Angst aufrichten, aber ich drückte sie wieder zu Boden. Da hörte ich, wie einer der beiden „Los, such, such!“ rief.

„Haben sie doch einen Hund“, dachte ich. Für alle Fälle zog ich leise mein Jagdmesser aus dem Gürtel, denn so leicht wollte ich es den beiden nicht machen, mich womöglich noch von dem Hund beißen lassen. Dann hörte ich ein Geräusch ganz in der Nähe und wieder: „Such, such!“

Das Messer fest in der einen Hand, bog ich mit der anderen die Halme etwas zur Seite. Jetzt sah ich den Hund, es war ein kleiner Dackel, der schwanzwedelnd auf uns zukam! Ich streichelte ihn, der Dackel leckte meine Hand und verschwand wieder. Nun krochen wir vorsichtig zum Ende des Feldes. Ich schaute mich nach den Männern um, aber sie waren weit weg, in der Mitte des Weizenfeldes.

„Bis die da herauskommen, sind wir schon am Bahndamm“, beruhigte ich meine Schwester. „Mit dem Fahrrad kommt er nicht so schnell über die Gleise. Also los, lauf so schnell du kannst!“

Als wir den Bahndamm erreicht hatten, drehte ich mich um. Nur der eine mit dem Rad kam hinterher. Im selben Augenblick stürzte er in einer Staubwolke zu Boden. Kurz vor einem Güterzug überquerten wir die Gleise und sprinteten zum S-Bahnhof Lichterfelde Süd. Durch den Güterzug hatten wir einen guten Vorsprung. Vor dem Bahnhof drehte ich mich noch einmal um und sah am Horizont zwei Radfahrer. Ich konnte aber nicht erkennen, ob es die Feldwächter waren. Da ich mir nicht sicher war, nahm ich meine Schwester an die Hand: „Komm, wir müssen jetzt noch einmal rennen!“

Endlich hatten wir den Bahnhof erreicht, und da stand auch schon eine S-Bahn. Die Züge verkehrten alle zehn Minuten. „Den müssen wir kriegen!“ trieb ich meine Schwester an. Deshalb gingen wir nicht durch den Fahrkartenschalter, sondern liefen gleich über die Gleise. Von dort kletterten wir auf den Bahnsteig und stiegen gleich in den letzten Wagen, in dem nur ein großer, blonder Mann saß. Ich behielt die Bahnhofstreppe im Auge. Sollten die Verfolger wirklich noch kommen, wollten wir auf der Gegenseite auf die Gleise springen.

„Wartet ihr noch auf jemanden“, wollte der Mann wissen, „oder ist jemand hinter euch her?“

Ich erzählte kurz, was wir erlebt hatten. Der Mann wunderte sich, daß die Feldwächter wegen der paar Körner so einen Zirkus veranstalteten.

In diesem Moment hasteten zwei Männer die Treppe hoch und steuerten auf unseren Wagen zu. Der eine war der, dem ich gegen das Schienbein getreten hatte. Ich wollte zur Tür, doch der Mann im Abteil beruhigte uns: „Keine Angst, bleibt hier, ich mach das schon.“

Als die beiden gegen ihn handgreiflich werden wollten, packte er den ersten und stieß ihn blitzschnell im Gang zu Boden. Der zweite wich zurück und meinte ängstlich: „Ist ja schon gut, schon gut!“

„Macht, daß ihr rauskommt, aber schnell!“ herrschte unser Beschützer die beiden an. Doch das konnten sie nicht mehr, in diesem Moment schlossen sich die Türen, und die S-Bahn fuhr los.

„Seid ja ruhig, sonst werf‘ ich euch beide noch vor dem nächsten Bahnhof hinaus! Ihr seid doch nicht bei Trost, den Kindern wegen der paar Körner so eine Angst einzujagen.“

Die Männer schwiegen. An der nächsten Station stiegen sie hastig aus. Ich rief ihnen noch hinterher: „Ihr kriegt mich nie, ihr Mistkerle!“

Unser neuer Freund hieß Ulrich. Er erzählte uns, daß er bei der Luftwaffe gewesen sei. Die Amerikaner hätten ihn wegen seiner Verwundung nach drei Monaten aus der Kriegsgefangenschaft entlassen. Jetzt wohne er wieder in Tempelhof. Warum er allein zu den Bauern fahren würde, wollte ich wissen.

„Ja, weißt du, meine Frau ist nicht kräftig genug. Lange Strecken zu laufen schafft sie nicht. Aber was hältst du davon, wenn wir nächste Woche gemeinsam rausfahren?“

Ich war sofort begeistert. Mit ihm würde mir nichts mehr passieren.

Kurz vor dem Bahnhof Südende öffnete Ulrich seinen riesigen Rucksack und gab uns zwei Hände voll Mohrrüben und einen Wirsingkohl: „Hier, zu deinem Geburtstag. Und wir sehen uns nächsten Mittwoch, nachmittags drei Uhr, hier am Bahnhof.“

„Ja klar, ich bin da!“ verabschiedete ich mich. Dann stiegen wir aus. Oben hinter dem Schalter warteten Mutter und Oma auf uns. Sie waren sehr beunruhigt, wo wir so lange bleiben würden, denn inzwischen war es dunkel geworden.

Mit Ulrich erlebte ich viele spannende Hamsterfahrten. Meine Mutter war auch einige Male dabei. Von 1946 bis zur Blockade 1948 waren wir ein- bis zweimal pro Woche unterwegs, niemals kamen wir mit leeren Rucksäcken zurück – und kein Feldwächter hat mich jemals erwischt!

Aus: „Lebertran und Chewing Gum“, Reihe ZEITGUT, Band 14.

[Bonn/Rhein;
1. April 1947]

Dorothea F. Voigtländer

Hunger oder kalte Füße?

Die gestrickten Wollstrümpfe von Oma waren wundervoll. Sie feierten Premiere auf dem Weg zum Bonner Münsterplatz, wo sich die Bonner Bevölkerung mit ihrer ersten Demonstration nach dem Krieg gegen die Hungerkatastrophe wehrte. 220 Fälle von Hungerödemen waren bis dahin offiziell festgestellt worden, elf Menschen waren vor Hunger gestorben, erzählten die Nachbarn empört. Doch man sprach von noch mehr Hungertoten.

Da standen wir nun und demonstrierten mit vielen anderen. Die Kinder staunten. Das also war eine Demonstration! Morgens hatten wir Brot in warmem Wasser, genannt Brotsuppe, geschlürft, das war besser als gar nichts. Dafür waren die Füße dank Omas Wollstrümpfen halbwegs warm. Die ausgelatschten Schuhe von Tante Anna taten es noch, doch der steinkalte Frost im Januar 1947 stieg bis in die Haarspitzen. Eigentlich wurden die Füße nie richtig warm, nur im Bett, wenn wir Kinder eng zusammenrückten. Da hatten drei in einem Platz genug unter schweren, klumpigen Oberbetten. Die alten Militärdecken wurden abends ans Fenster genagelt, um die Kälte abzuhalten. Es war einfach zu kalt.

Und dann der Hunger. Schlangestehen für Brot oder vier Heringe. Tante Else kümmerte sich um das Sauerkraut in der Waschküche, Oma kochte in der Wohnküche in einem großen Kessel Rübenkraut. Hier war es wenigstens warm.

In der viel zu kleinen Küche traf sich die ganze Familie um den warmen Herd. Opa las in einem dicken Buch. Oma kochte ihr Rübenkraut. Wir Kinder spielten mit einem Ball, den irgendjemand mitgebracht hatte. Onkel Hans schaute fassungslos zu, wie wir Kinder lachen und toben konnten. Er war gerade aus der russischen Gefangenschaft gekommen. Wir waren jetzt seine engste Familie. Bei einem Angriff auf Köln hatte eine Brandbombe genügt, sein Elternhaus zu vernichten und seine Eltern zu töten, die es nicht mehr bis in den Luftschutzkeller geschafft hatten. Wir Kinder johlten vor Lachen, als der Ball in das brodelnde Rübenkraut klatschte und die Wände bis zur Decke mit dem klebrig-dunklen Saft bespritzt wurden. Oma prügelte uns durch und warf uns hinaus. Der Frost sollte unseren Übermut kühlen.

Auf dem Schwarzmarkt waren wir Kleinen ganz groß. Uns ließ man meistens in Ruhe. Wir wollten sowieso keine Zigaretten. Plötzlich lag da ein einzelner Handschuh auf der Erde. Schnell bückte ich mich. Es hatte keiner gesehen. Ich wollte bessere Schuhe. Am liebsten Stiefel. Die schienen besonders warm zu sein, denn fast alle Männer hatten Stiefel und auch viele Frauen, was unter den Röcken komisch aussah. Aber wen kümmerte das schon? Das Wort Mode gehörte noch nicht zu meinem Vokabular. Da packte mich eine Hand. Eine kleine, alte Frau zeigte auf meine gestrickten Strümpfe von Oma. „Wenn du mir deine Wollstrümpfe gibst, bekommst du ein frisches Brot, ein ganz großes", versprach die Frau.

Plötzlich wurde das Hungergefühl wieder stärker. Ein frisches Brot! Doch wer sollte das glauben? Mißtrauen gehörte zum Alltag. „Erst zeigen!"

Die Alte griff einfach meine kleine Hand und ging mit mir zwei Straßen weiter. In ihrer Wohnung kramte sie tatsächlich ein großes Brot aus dem Schrank, eingewickelt in ein sauberes Handtuch. Jetzt roch das ganze Zimmer köstlich nach frisch gebackenem Brot. Da würden sich alle drüber freuen, fuhr es mir durch den Kopf, vor allem Onkel Hans.

Für einen Laib Brot gab ich im Hungerwinter 1946/47 meine Wollstrümpfe her. Wie dieses unbekannte Mädchen war ich glücklich, wenn ich etwas zu essen auftreiben konnte. Foto: der themendienst.

Der erzählte immer so greuliche Essensgeschichten aus den Kriegsjahren. Und außerdem konnte mir Oma bestimmt ein paar neue Wollstrümpfe stricken. Schnell zog ich meine Wollstrümpfe aus, gab sie der Alten und versteckte das große Brot unter meinem Kleid. Draußen war es noch kälter geworden. Mit nackten Beinen, ausgetretenen Schuhen und meiner kostbaren Tauschware lief ich rasch nach Hause.

An jenem Abend war ausnahmsweise ich das gute Kind. Das Brot haben wir alle auf einmal aufgegessen, mit noch warmem Rübenkraut. Und Oma hat uralte Pullover aufgeribbelt und mir aus dieser Wolle tatsächlich ein paar neue, warme Wollstrümpfe gestrickt. Es begann ein schwunghafter Handel: Wollstrümpfe gegen Nahrungsmittel.

Aus: „Lebertran und Chewing Gum", Reihe ZEITGUT, Band 14.

[Düsseldorf;
November 1947]

Brigitte Mauel

Unser Vater – ein „Kohlenklau“?

Nachdem wir Anfang 1945 total ausgebombt waren, hatten uns Verwandte in Remscheid aufgenommen. Im November 1947 zogen wir von dort wieder zurück in unsere Heimatstadt Düsseldorf. Da war ich sechs Jahre alt.

Unsere Wohnung war notdürftig wieder hergerichtet, die Fenster teilweise mit Brettern vernagelt. Die Türen, aus Trümmern der zerbombten Nachbarhäuser zusammengesucht, paßten hinten und vorne nicht. Es zog an allen Ecken und Kanten. Wir froren jämmerlich. Kohlen gab es nicht, und alles entbehrlich Brennbare war schon verheizt.

Am Ende unserer Straße, die an dieser Stelle in eine scharfe Kurve überging, stand ich oft und wartete geduldig auf die hoch mit Koks beladenen Lastwagen auf ihrem Weg zu den Gas- und Wasserwerken. Ich wußte, in dieser Kurve fiel immer einiges herunter. Bevor andere kamen, sammelte ich geschwind soviel ich tragen konnte auf und brachte diesen Schatz nach Hause.

Hinter unserem Haus verlief die Bahnstrecke aus dem Ruhrgebiet in Richtung Osten. Tag und Nacht ratterten hier die Güterzüge hindurch, überwiegend mit Kohlen beladen. Viele Leute aus der Nachbarschaft kletterten auf den Bahndamm und sammelten die heruntergefallenen Kohlen auf. Mitunter, man könnte auch sagen immer öfter, wurde dabei mit langen Stangen kräftig nachgeholfen. Natürlich war das nicht ungefährlich und außerdem strengstens verboten, die Polizei führte regelmäßig Razzien durch.

Eines Tages schnappte sich auch unser Vater einen alten Sack und kletterte auf den Bahndamm. Nach einer Stunde etwa hörten wir plötzlich Pfiffe, Rufen und laute Befehle – Polizei!

Alle Leute, es waren zirka dreißig Personen, mußten vom Bahngelände herunterkommen und sich in einer Reihe aufstellen. Die mühselig mit Kohlen gefüllten Taschen und Säcke wurden beschlagnahmt. Nun mußten alle ihre Hände zeigen. Sämtliche Hände waren schwarz, bis auf ein Paar – und das waren die Hände unseres Vaters.

Alle wurden verhaftet und mit einem Lastwagen abtransportiert. Nur unser Vater durfte nach Hause gehen. Was für ein Glück – er hatte beim Einsammeln Handschuhe getragen und diese bei der Razzia blitzschnell in seinen Manteltaschen verschwinden lassen!

Aus: „Lebertran und Chewing Gum", Reihe ZEITGUT, Band 14.

Das nebenstehende Bild, 1947 in einer Großstadt des Ruhrgebietes aufgenommen, zeigt das Plündern eines mit Kohle beladenen LKW, der durch einen Verkehrsstau aufgehalten wurde.
Einen großen Teil der deutschen Kohlengruben hatten die Besatzungsmächte für ihren eigenen Bedarf und für Reparationsleistungen beschlagnahmt. Die Lieferung von Hausbrandkohle an die deutsche Bevölkerung war so knapp, daß in jedem Nachkriegswinter, vor allem aber 1946/1947, als die Temperaturen bis auf minus 30 Grad absanken, das Frieren zum Alltagsleben gehörte. Wo immer sich die Gelegenheit bot, Brennstoffe zu stehlen, beteiligten sich ganze Bevölkerungsgruppen an der Jagd auf diese Kostbarkeit. Foto: Süddeutscher Verlag, Bilderdienst.

[Wittstock/Dosse, Prignitz – West-Berlin – Wunstorf bei Hannover – Dortmund; 22.– 25. Dezember 1948]

Heinrich Polthier

Luftbrücke in die Freiheit

Das Kriegsende 1945 und die ersten Nachkriegsjahre verbrachte ich mit meinen Eltern und Geschwistern in der märkischen Kleinstadt Wittstock, in die wir 1943 aus dem bombengefährdeten Berlin evakuiert worden waren. Die Lebensverhältnisse unserer Familie wurden dort jedoch nach Kriegsende durch die grausamen Auswirkungen des sowjetischen Besatzungsregimes und die zunehmende Härte der kommunistischen Diktatur immer unerträglicher. Mein ältester Bruder Eberhard war als Schüler der Wittstocker Oberschule 1947, an seinem 18. Geburtstag, auf heimtückische Weise vom sowjetischen Geheimdienst NKWD entführt und dann in ein sibirisches GULAG*) verschleppt worden, weil er sich geweigert hatte, für die Russen unter seinen Lehrern und Mitschülern Spitzeldienste zu leisten.

Dies waren die Hintergründe und Begleitumstände, die meine Eltern veranlaßten, Konrad, meinen anderen Bruder, und mich zwei Tage vor Weihnachten 1948 allein auf eine abenteuerliche Bahnreise in das von der Blockade gezeichnete Berlin zu schicken. Unsere Mutter hatte nach Kontaktaufnahme mit einer britischen Dienststelle, die sich für den

*) Zu Beginn der 30er Jahre eingerichtete stalinistische Straflager in der UdSSR, in denen Millionen politisch verdächtiger oder mißliebiger Personen interniert wurden.

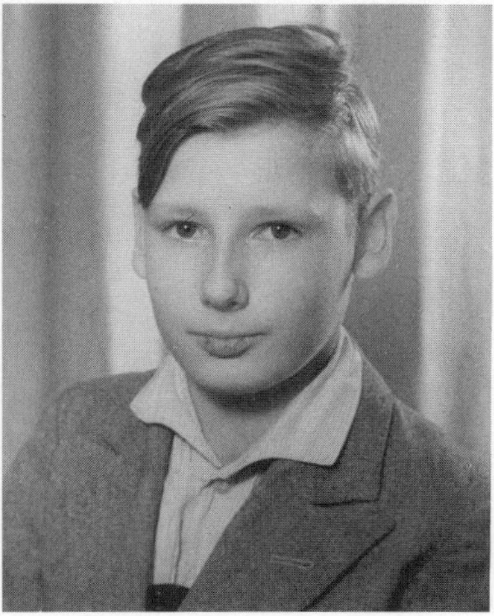

Dieses Foto von mir entstand in Wittstock 1947, dem Jahr der Verschleppung meines Bruders Eberhard durch die Russen.

Fall meines Bruders Eberhard interessierte, den Erhalt der notwendigen Papiere vorbereitet. Wir sollten vorsorglich bei unseren Verwandten in Dortmund-Bövinghausen in Sicherheit gebracht werden.

Von der strapaziösen Fahrt in einem überfüllten Zug ist mir in Erinnerung geblieben, daß die Volkspolizei die Reisenden auf dem Umsteigebahnhof Nauen schikanös kontrollierte und bei ihnen unbarmherzig Lebensmittel, wie Kartoffeln und Fleisch, aber auch andere Mangelware, vor allem Zigaretten, beschlagnahmte. Die Reisenden waren wohl überwiegend Berliner auf Hamstertour. Offensichtlich gab es in der Zeit der Blockade trotz der sich verschärfenden Kontrollen an der Zonengrenze noch Möglichkeiten der Selbstversorgung durch Hamsterfahrten, die beherzte Menschen zu nutzen versuchten. War es Glück, Zufall oder doch ein Akt der Menschlichkeit, daß man uns Jugendliche – ich war gerade 14 Jahre alt, mein Bruder Konrad 18 – mit dem im Rucksack versteckten Fleisch einer frisch geschlachteten Ziege für unsere Verwandten ungeschoren ließ?

Jedenfalls gelangten wir auf der Weiterfahrt mit der S-Bahn unbehelligt nach West-Berlin und wurden im Haus unserer ehemaligen Zehlendorfer Nachbarn, im amerikanischen Sektor, freundlich aufgenommen und bewirtet. Wir hatten es geschafft!

Die Berliner Straßen waren nur schwach beleuchtet und in den eher spärlich, aber für mich ungewohnt mit westlichen Waren ausgestatteten Schaufenstern standen brennende Kerzen als Beleuchtung. In einem Charlottenburger Restaurant sah ich, wie für bedürftige ältere Bürger Reissuppe ausgeteilt wurde. Von dem in den westlichen Zonen nach der Währungsreform aufkeimenden Wirtschaftswunder war im freien Berlin noch wenig zu sehen.

Als mein Bruder und ich schließlich am 24. Dezember, am Heiligen Abend, zur Abfertigung für den Flug von Berlin nach Wunstorf bei Hannover im Wartesaal des Deutschlandhauses am damaligen Reichskanzlerplatz, dem heutigen Theodor-Heuss-Platz, saßen, fiel mir auf, daß dort alle Lampen hell leuchteten. Vielleicht wurde die Energie über ein besonderes Stromaggregat geliefert?

Ein mit elektrischen Kerzen strahlender Tannenbaum erzeugte in mir ein bißchen weihnachtliche Stimmung, obwohl ich nach zwei schlaflosen Nächten völlig erschöpft war. Wichtiger erschien mir aber, in Freiheit zu sein und im Schutz der Westmächte mit der Luftbrücke nach Westdeutschland gelangen zu können.

Am frühen Morgen des ersten Weihnachtsfeiertages war es dann endlich soweit. Ein britischer Offizier rief unsere Namen zum Abflug auf. Wir durften, mit einem Flüchtlingsausweis und einer Zuzugsgenehmigung für Dortmund in der britischen Zone versehen, die Busfahrt zum britischen Militärflughafen Gatow antreten.

Es wurde nicht nur mein erster Flug, sondern auch ein entscheidender Wendepunkt in meinem Leben überhaupt. Die Flugzeugmotoren machten beim Start auf dem Rollfeld

So kommentierte mein Wittstocker Klassenkamerad Hans-Jürgen Sandmann meinen Flug in die Freiheit. Diese und andere Karikaturen von ihm habe ich in meinem Tagebuch aufbewahrt.

einen ohrenbetäubenden Lärm. In der wohl noch aus dem Zweiten Weltkrieg stammenden Transportmaschine der britischen Luftwaffe hatten wir keine Anschnallmöglichkeiten. Wir hockten auf prallgefüllten Postsäcken, von denen wir während der einstündigen Flugzeit nach Wunstorf bei Hannover die sich unten darbietende Landschaft im Kleinformat staunend betrachteten.

Die einzigartige Bedeutung der Luftbrücke bestand neben der Versorgung West-Berlins auch darin, daß sie unzähligen, aus politischen Gründen in Bedrängnis geratenen Menschen den Weg in eine bessere Zukunft ermöglicht hat. Mein persönlicher Dank gilt deshalb der British Royal Air Force.

Aus: „Von hier nach drüben“, Reihe ZEITGUT, Band 11.

[Düsseldorf;
1950/1951]

Hans-Dieter Mauel

Der Absturz

Es war im Nachkriegsdeutschland. In dieser Zeit versuchten wir Jugendlichen, zu kleinen Straßenbanden zusammengeschlossen, aus allem, was sich finden und verkaufen ließ, einen Erlös zu erzielen. So sammelten wir Altpapier, bis wir ein paar Kilo zusammen hatten, und brachten es dann zum Papierhändler, der uns dabei noch beschummelte, aber wir waren ja froh über jeden Groschen. Allerdings war das Altpapier nicht so das große Geschäft. Es reichte für ein paar kleine Schleckereien, das war es dann aber auch. Viel besser und viel mehr ließ sich mit anderen Materialien verdienen, zum Beispiel mit Blei, Kupfer, Messing, Eisen, Guß und derlei Sachen, die waren ganz profitabel. Ja, und so suchten wir eben danach. Trümmerberge, ausgebrannte Gebäude, ganz oder halb eingestürzte Häuser waren unser Betätigungsfeld, und es gab sie in Mengen.

Eines Tages kamen wir auf die Idee, Eisenträger aus einem halb zerbombten Haus zu bergen. Die eine Seite des Hauses stand noch, die andere war durch eine Luftmine zerstört worden, ein großer Krater klaffte in der Erde. Im obersten Stockwerk, in der vierten Etage, ragten einige Eisenträger aus den Decken heraus. Die galt es abzubauen. Wir waren sechs oder sieben Jungen zwischen zehn und fünfzehn Jahren. Also kletterten wir nach oben und machten uns sogleich ans Werk.

Ich wohnte ganz in der Nähe, von der Hofseite aus konnten wir auf das Trümmergrundstück schauen. So ergab es sich, daß meine Mutter, die gerade den Hausflur reinigte und dazu die Fußmatten an der Teppichstange auf dem Hof ausschlug, mich und die anderen Jungen dort oben herumturnen sah. Dies war natürlich das Aus für meine Tätigkeit am Bau. Sie rief mich und bedeutete mir, umgehend zu Hause zu erscheinen. Widerwillig und dem entgangenen Geschäft nachweinend, machte ich mich auf den Heimweg; denn ich wußte, jetzt hatte sie mich im Auge, in dem Trümmerhaus war für mich nichts mehr zu machen.

Ich erhielt von Mutter den Auftrag, etwas auf der Post zu erledigen. Den Weg dorthin konnte ich vorbei an „unserer Baustelle“ nehmen, mußte es aber nicht. Ich konnte mich

Dieses Klassenfoto wurde bei einem Schulausflug gemacht, darunter sind einige meiner Kameraden. Vorne rechts knie ich.

nicht dazu entschließen, es hätte mich zu sehr geärgert. So nahm ich den anderen Weg zur Post. Er führte an der Feuerwache vorbei. Als ich eben auf ihrer Höhe angelangt war, rollten die schweren Eisentore zur Seite, und die Wehren kamen im Alarmstart herausgebraust.

Nichtsahnend ging ich weiter zur Post und erledigte meinen Auftrag. In Gedanken war ich schon wieder bei meinen Kumpels. Ich beschloß, auf dem Rückweg dort vorbeizuschauen. Als ich um die Ecke der Straße bog, wo „unsere Baustelle“ lag, hatte sich dort eine große Menschenmenge versammelt. Die kurz vorher ausgerückten Feuerwehrautos standen auch dort. Ich erschrak!

Vorsichtig näherte ich mich dem Geschehen. Dann sah ich, daß beide oberen Geschosse fast völlig eingestürzt waren. Bei dem Versuch, einen Eisenträger aus der Decke zu lösen, hatten meine Freunde den Einsturz ausgelöst. Feuerwehrleute bemühten sich, meine Kameraden zu bergen. In diesem Moment wußte keiner der Helfer und Umstehenden, wer und wieviele Personen in die Tiefe gestürzt waren.

Sodann bemerkte ich meine Mutter, die verzweifelt hin- und herlief. Sie hatte vom Hof aus zufällig gesehen, wie die oberen Etagen des Hauses einbrachen. Sie vermutete mich unter den abgestürzten Personen. Als sie mich jetzt unten auf der Straße stehen sah, war sie überglücklich.

Zwei Jungen, ein Brüderpaar, waren sofort tot. Die anderen kamen schwerverletzt ins Krankenhaus.

Aus: „Nachkriegs-Kinder“, Reihe ZEITGUT, Band 2.

[Berlin – Kühlungsborn/Ostsee, Mecklenburg-Vorpommern, damals DDR; Juli–September 1951]

Liselotte Kubitza

1951 – ein aufregendes Jahr

Kurz vor unserer Lehrabschlußprüfung als Sozialversicherungskaufmann stehend, galt es für meine Zwillingsschwester Ursel und mich, viel zu lernen, um mit sehr gutem Ergebnis abzuschließen. Außerdem waren wir als Jugendliche unseres Verwaltungsbetriebes, der Versicherungsanstalt Berlin (VAB) im Chor und in der Volkstanzgruppe sehr aktiv. Singen und tanzen bereitete uns trotz des enormen Zeiteinsatzes großen Spaß.

Für die III. Weltfestspiele der Jugend und Studenten im August 1951 in Berlin mußten viele Lieder und Volkstänze aus unterschiedlichen Landesteilen einstudiert werden. Ursel und ich hatten den Vorteil, nach Feierabend zu Hause weiter gemeinsam üben zu können. Wir entwarfen Kostüme und kauften Stoffe ein. Nach mehreren Anproben saßen die Kleidungsstücke perfekt. Aus heutiger Sicht waren die Kostüme einfach, doch für die Nachkriegszeit waren sie etwas Besonderes. Ein Teil der Mädchen trug rote, weite Röcke, der andere blaue, komplettiert mit einer weißen kurzärmligen Bluse mit Puffärmeln und Rüschen am Halsausschnitt.

In der restlichen knappen Freizeit – wir arbeiteten damals bis Samstagmittag – halfen wir unentgeltlich und mit Hunger im Bauch bei der Trümmerbeseitigung, denn unsere Stadt sollte zum Empfang der internationalen Gäste ein ordentliches Bild bieten. Auch beim Einrichten der Schlafgelegen-

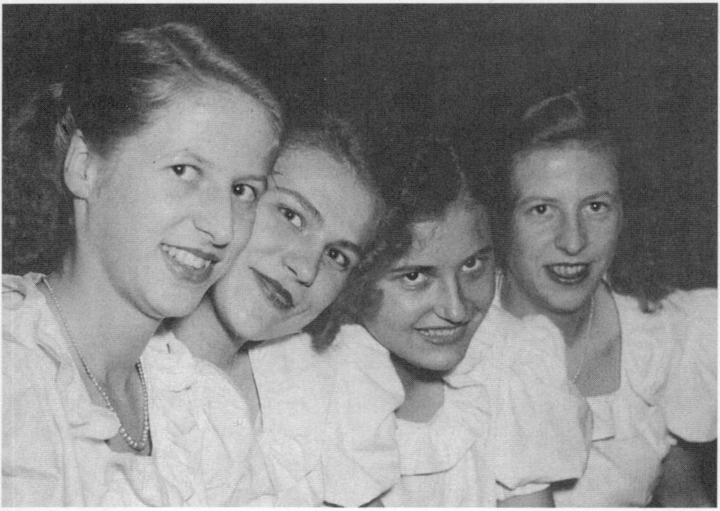

Für die III. Weltfestspiele der Jugend und Studenten im August 1951 in Berlin studierten unser Chor und die Volkstanzgruppe neue Lieder und Tänze ein. Ganz links bin ich, daneben Christa, Jutta und Ursel.

heiten für die Jugendlichen aus nah und fern in Schulen und Turnhallen sowie auf Dachböden packten wir kräftig mit an. Unser Fleiß wurde belohnt. Ursel und ich gehörten zu jenen, die als Festbekleidung neben dem üblichen dunkelblauen Rock sowie einer Bluse und Jacke ein Paar der begehrten schwarzen Lederschuhe guter Qualität gratis erhielten. Das war für längere Zeit unsere Rettung; denn nach drei Jahren Lehrzeit mit einem monatlichen Entgelt von netto 54 bis 108 Mark war unsere finanzielle Lage als Halbwaisen äußerst miserabel. Unsere wenigen Kleidungsstücke hatten wir zudem bei den zahlreichen ehrenamtlichen Arbeitseinsätzen auf Trümmern und in Schulen abgenutzt.

Während der Weltfestspiele waren wir ständig im Einsatz. Als solide, fleißige und saubere Mädchen waren wir dafür ausgesucht worden und von unserer Arbeit für 14 Tage freigestellt. Unter anderem servierten wir im großen festlichen Friedenssaal unserer Hauptverwaltung in der Rungestraße im Stadtbezirk Berlin-Mitte ausländischen Delegationen das Essen. Das bedeutete für uns eine besondere Ehre. Zwei Wochen kamen wir nicht nach Hause, so viel gab es zu tun. Nachts schliefen wir auf aufgeschüttetem Stroh in der großen Halle unserer Verwaltung.

Nachdem das aufregende Ereignis vorüber war, sollte für uns der Ernst des Lebens, die Verwaltungsarbeit als Sozialversicherungskaufmann in der von uns selbst ausgewählten interessanten Rentenabteilung, beginnen. Gerade 18 Jahre alt und somit volljährig, hatten wir das große Glück, von der Betriebsgewerkschaftsleitung einen der begehrten FDGB-Reiseschecks zu bekommen: vierzehn Tage Urlaub in Kühlungsborn an der Ostsee! Niemals zuvor waren wir dort hingekommen, ein verlockendes Angebot!

Nach der ersten Freude lehnten wir die Annahme dankend ab. Obwohl der Scheck nur 30 Mark kostete und die für Gewerkschafter ermäßigte Fahrkarte eigentlich erschwinglich war, konnten wir das Geld nicht aufbringen. Außerdem besaßen wir keine Reisegarderobe. Die Finanzlage unserer Mutter war genauso schlecht, sie konnte uns keinen Zuschuß geben. Die Kollegen der Betriebsgewerkschaftsleitung waren sehr nett und rieten uns, nach den Anstrengungen und Leistungen in diesem Jahr die Reise auf jeden Fall anzutreten. Wir waren körperlich mitgenommen, hatten erhebliches Untergewicht und eine Erholung dringend nötig. Nach langem Überlegen kamen wir zu dem Ergebnis, mit unserem ersten vollen Gehalt von netto 290 Mark abzüglich der Investition in einen Badeanzug leidlich auskommen zu können.

So reisten wir am 30. August 1951 mit den schwarzen Lederschuhen und ansonsten bescheidener, alter Kleidung aufgeregt in Richtung Ostsee, im Gepäck unsere neuen blauen Badeanzüge. Wie in unseren Kindertagen hatten wir den gro-

Im Ostseebad Kühlungsborn verbrachten Ursel und ich 1951 einen unvergeßlichen Urlaub. Wir wohnten im FDGB-Heim „Jochen Weigert".

ßen schwarzen Koffer dabei, nur, daß wir jetzt erwachsen waren. Das Wetter war uns hold. Wie schön! Die Eindrücke überwältigten uns. Niemals werde ich den ersten Anblick der Ostsee bei Sonnenschein vergessen. Wir spazierten durch den hübschen, sauberen Ferienort, gingen einen abwärts führenden Weg entlang, und plötzlich lag vor uns die See, wie im Bilderbuch, tiefblau mit weißen Schaumkronen auf den Wellen. Dazu das Meeresrauschen – aufwühlend und beruhigend zugleich. Einzigartig wirkten auf uns, die wir aus der grauen Berliner Trümmerlandschaft kamen, die Farben des Himmels, des Wassers und des Strandes, der grünen Kiefern und der bunten Strandkörbe. Einfach phantastisch!

Mit großem Interesse beobachteten wir den hotelähnlichen Tagesbetrieb im FDGB-Heim. Für abendliche Restaurantbesuche hatten wir weder das Geld noch die Garderobe. Die mäßigen Mahlzeiten im Heim mußten ausreichen. Ansonsten ließen wir die Seele baumeln und genossen überglücklich die sonnigen, unbeschwerten Tage.

Einmal fand im Dorf ein eintrittsfreier Tanzabend statt, bei dem wir uns die ganze Zeit mit einer Brause begnügten und uns dennoch toll amüsierten. Wir tanzten gerne und gut. Meine Schwester machte die Bekanntschaft eines jungen Mannes, der sie bis zum Urlaubsende nicht mehr aus den Augen ließ. Ich war stets dabei, lief nebenher. Anscheinend störte das den jungen Mann nicht, für ihn erhöhte sich wohl eher der Reiz durch unsere Ähnlichkeit. An den noch warmen Abenden saßen wir zu dritt im Strandkorb und bliesen Melodien auf dem Kamm.

Meine Zwillingsschwester Ursel und ich in unseren neuen blauen Badeanzügen. Schlanksein war seinerzeit kein Problem.

Als wir gut erholt und braungebrannt wieder daheim waren, schwärmten wir vor unserer Mutter und den Kollegen noch lange von den unvergeßlichen Urlaubseindrücken und gingen mit frischem Elan an die Arbeit. Es sollten noch viele Ostseereisen folgen, so daß wir die Ostsee später als unsere zweite Heimat bezeichneten.

Aus: „Halbstark und tüchtig", Reihe ZEITGUT, Band 17.

[Bonn/Rhein;
1952–1955]

Dorothea F. Voigtländer

Schlüssel-Kinder

Sie kratzte gräßlich am Hals, die Kordel, an dem der kalte Hausschlüssel von Mutti unter dem Pullover oder dem Kleid befestigt worden war, denn der Schlüssel durfte nicht verlorengehen. Während des Unterrichts schimpfte unsere Lehrerin immer, wenn wir gelangweilt mit dem Schlüssel spielten. Meine Freundin Gisela hatte auch einen. Der war kleiner, hing aber auch an einer festen Kordel um den Hals. Schick war das nicht, aber notwendig.

Wir waren acht, neun Jahre alt. Wenn wir mittags aus der Schule nach Hause kamen, war keiner da, der auf unser Klingeln die Tür geöffnet hätte. Beide Eltern gingen arbeiten, damit das Geld reichte. Also, den Schlüssel aus dem Pullover gezogen, der dann nicht mehr, wie morgens, kalt, sondern von der Körperwärme warm in unseren Händen lag. Rasch wurde die Tür geöffnet: eine unordentliche Wohnung empfing uns. Mal kam Gisela zu mir nach Hause, mal ging ich zu ihr. Denn eine Wohnung ohne Mutti und die Geschwister war irgendwie unheimlich. Die jüngeren Geschwister kamen erst abends nach Hause, Mutti holte sie nach der Arbeit im Kinderhort ab. Dann wurde es laut und munter.

Aber mittags war es schrecklich still in der unaufgeräumten Wohnung. Verwöhnt wurden wir nicht, denn Mutti schrieb jeden Tag auf einen Zettel, was alles zu erledigen war: Lüften, Betten machen, spülen, einkaufen. Das Mittagessen hatte sie am Abend zuvor gekocht, das mußte aufgewärmt werden. Oft brannte es uns an oder war zerkocht. So schnell wie möglich arbeiteten wir „kleinen Hausfrauen“ den Arbeitszettel ab, damit wir rasch mit den Hausaufgaben beginnen konnten. Dann hatten wir endlich frei.

Autos gab es nur wenige, so war die Straße unser Spielplatz. Wir spielten Völkerball, Seilhüpfen oder Verstecken in den Vorgärten der Nachbarschaft, die das nicht immer witzig fand. Nur die alte Frau Bauer schimpfte nie. Sie lud uns sogar zu einer Tasse heißer Schokolade ein – welch ein Genuß! –, denn sie sah auch, daß wir spindeldürren Mädchen nie genug zu essen hatten, obwohl wir alles Eßbare zwischen die Zähne nahmen, was man uns gab.

Darum war auch die „Kinderlandverschickung“ Thema Nummer eins in der Schule. Wir wurden „durchleuchtet“, wie das damals hieß, stiegen dazu in die damals mobile Röntgenstation, ein riesiger Wagen, der auf dem Schulhof wartete. Da gab es so manche Tränen, wenn TBC, Tuberkulose, festgestellt wurde. Aber meist sagte die Waage aus, was Sache war: Wir wurden alle für „zu leicht“ befunden.

„Sag mal, ißt du eigentlich nie genug?“ fragte mich die Schulärztin kopfschüttelnd und gab mir einen Zettel für Mutti mit, die mich dann für die nächste Kinderlandverschikkung in den Sommerferien anmelden mußte. Ich war glücklich, denn das bedeutete eine vergnügte Fahrt ab dem Bonner Hauptbahnhof in Richtung Schwarzwald, in den Bregenzer Wald, an den Bodensee oder in ein altes Kloster bei Passau an der Donau. Geographieunterricht einmal anders.

Am Bahnhof gab es ein großes Hallo. Wir Schlüsselkinder kannten uns fast alle schon. Jedes Jahr kamen ein paar Neue hinzu, die meist aus dem Osten angereist waren. Auch Jungen. „Wo geht es diesmal hin?“, war die Frage. Am Zielort ging dann die Keilerei los, wer in welchem Raum und am liebsten am Fenster sein Bett hatte. Wieder wurden wir am Anfang gewogen, gut „gefüttert“, mußten mittags schlafen

März 1954:
Wir Schlüssel-Kinder wurden nicht gerade beneidet. Deshalb trug ich den Schlüssel unter dem Pullover. Weil ich so dünn war, wurde ich von 1950 bis 1954 jedes Jahr in den Schulferien aufs Land „verschickt".

und jeden Nachmittag wandern. Frische Luft war ein Muß. Am Ende der drei Wochen wurden wir wieder gewogen. Die meisten hatten gut zugenommen. Aber ich nicht. Zwar hatte ich rote Wangen und war braungebrannt von der Sommersonne, aber kein Gramm Fett wollte bei mir bleiben, ich blieb jahrelang spindeldürr. Das bedeutete immer wieder eine neue Kinderlandverschickung, bis das aus der Mode kam.

Erst nach dem ersten Kind nahm ich endlich zu. Da war ich 21 Jahre jung und stolz darauf, endlich eine „frauliche Figur" zu haben. Doch die Schlüsselzeit hat mir nicht geschadet: Meinen eigenen Haushalt schaffte ich auch mit dem Großen Latinum ohne die damals übliche Haushalts- und Mütterschule. Alles ging flott von der Hand. Dafür hapert es noch heute in Mathematik. Das können meine Kinder um so besser.

Aus: „Schlüssel-Kinder", Reihe ZEITGUT, Band 6.

[Lindlar, Rheinisch-Bergischer Kreis,
Nordrhein-Westfalen;
1953]

Monica Arcucci

Im Wahlkampf

Das neue Jahr fing nicht gut an. Ruth, unser schlesisches Flüchtlingsmädchen, teilte meinen Eltern im Januar verlegen mit, daß sie sich an Weihnachten verlobt habe, Gerhard und sie würden im Spätherbst heiraten. Bis dahin sei das Haus fertig, das er für seine Familie in unmittelbarer Nähe von Ruth's Schwester zu bauen angefangen habe. Es gäbe darin, neben der Mansarde für Gerhards Mutter und der Etage für die Familie seiner Schwester, eine ausreichend geräumige Wohnung im Parterre für sie beide und eventuellen Zuwachs. Ruth weinte, während sie meinen Eltern all die Vorzüge dieser Ehe vor Augen führte.

Meine Mutter fragte bestürzt, ob sie sich das alles auch genau überlegt habe, und ob denn dabei auch das Herz mitspräche. Ja, sie hätte es sich überlegt. Sie wollte eine eigene Familie haben, mit eigenen Kindern, sie könne doch nicht ewig Dienstmädchen bleiben.

Meine Eltern sahen besorgt in die Zukunft, nicht wegen Ruth's Kündigung, sondern wegen der für sie sehr bedenklich erscheinenden Politik der Bundesregierung unter Bundeskanzler Adenauer. Meine Mutter sprach täglich davon, wie nahe wir vor einem neuen Krieg stünden. Sie fürchtete, daß es in unserem Land bald wieder eine Wehrmacht geben werde, obwohl es nach dem Krieg geheißen hatte: Nie wieder sollen Deutsche Waffen tragen.

Kamen Gäste, wurde kaum noch wie früher gespielt, und es gab immer seltener lautes Gelächter, das mich nachts aus dem Schlaf weckte. Die Erwachsenen sprachen über Politik. Sie beratschlagten, was gegen den von Adenauer eingeschlagenen Kurs in der Ostpolitik zu tun sei. Ihre Gespräche waren nicht laut und querulierend, wie man es von Stammtischdebatten her kennt, sie sprachen bedrückt, besorgt und auch ziemlich verschwörerisch. Die Eltern und ein Großteil ihrer Freunde vertraten nämlich eine politische Meinung, die man nun allgemein als kommunistisch verunglimpfte. Sie glaubten vorsichtig sein zu müssen, denn kommunistisches Denken und Handeln war verpönt.

„Wer Adenauers Politik der Wiederaufrüstung anzweifelt oder gar für falsch erklärt, wird kommunistischer Gesinnung verdächtigt und wahrscheinlich vom Geheimdienst überwacht!" hörte ich meine Mutter oft die Freunde warnen.

Dennoch zeigten die Eltern Zivilcourage und traten einer neu gegründeten Partei, der Gesamtdeutschen Volkspartei – GVP bei. Deren erklärtes Ziel war es, eine Wiederbewaffnung der Deutschen zu verhindern, um den Eisernen Vorhang nicht noch undurchdringlicher werden zu lassen, als dieser sich dem Westen bereits zeigte.

Zu Ostern hatte ich meine vier Grundschuljahre beendet, und es mußte entschieden werden, was nun mit mir geschehen sollte. Das Gymnasium war jetzt an der Reihe. Würde ich in Zukunft jeden Morgen um sieben Uhr mit dem Bus in die Kreisstadt fahren? Oder würde man meinem sehnlichen Wunsch entsprechen und mich, trotz nicht gerade geringer finanzieller Opfer, wie meinen Bruder ins Internat nach Bayern schicken?

Meine Eltern baten mich in den Salon, und Mutti eröffneten mir das Ergebnis ihrer Beratung: „Pappi und ich sind der Meinung, daß es für dich und deine Entwicklung besser ist, wenn dein Horizont erweitert wird, wenn du aus diesem engen Tal herauskommst und weltweit Freunde fürs Leben

Meine Affenschaukeln sahen ja recht nett aus, aber ich beneidete die Mädchen, die eine pflegeleichtere Frisur trugen.

gewinnst, kurzum: du darfst ab September, wenn in Bayern das neue Schuljahr beginnt, ins Internat. Bis dahin gehst du noch ein paar Monate in die Volksschule."

Welche Freude! „Hurra!"

Ich lief hinaus, umarmte Wucki, mein Hündchen, der verwirrt nach mir schnappte. Ich scheuchte die Hühner über die Wiese, ergriff mein Fahrrad und fuhr in Rekordgeschwindigkeit über die Wege auf dem Fabrikhof meines Vaters. Ich war glücklich, hundsmäßig glücklich.

Vielleicht hatte zum Entschluß meiner Eltern beigetragen, daß Laura ebenfalls mit dem Wunsch zu kündigen an sie herangetreten war. Auch Laura fühlte sich als Dienstmädchen minderwertig, das war kein Beruf fürs Leben. Sie hatte sich entschlossen, im kommenden Winter, kurz nach

Ruths Hochzeit, einen Lehrgang für Krankenpflege zu beginnen. Sie wollte Krankenschwester werden, und meine Mutter akzeptierte die Kündigung mit den Worten: „Reisende soll man nicht aufhalten."

Der Sommer stand im Zeichen des Wahlkampfes für die zweite Bundestagswahl seit Bestehen der Bundesrepublik. Bei uns herrschte große Geschäftigkeit. Meine Mutter beteiligte sich am Organisieren von Wahlveranstaltungen der GVP in unserem Landkreis. Sie holte immer wieder die Vorsitzenden der Partei, Dr. Gustav Heinemann und Frau Helene Wessel, mit denen sie inzwischen eng befreundet war, zu Wahlreden und Kundgebungen in die Kreisstadt. Sie selbst betätigte sich dabei als Conferencier. Mein Vater spendete für Plakatwerbung und den Druck von Flugblättern.

Die Sanitätsbaracke in unserer Fabrik war im Frühjahr in ein komfortables Gästehaus verwandelt worden. Es gab drei Gästezimmer und ein Bad. Gustav Heinemann*), Helene Wessel und andere Parteifunktionäre blieben, wann immer sie in unserem Kreis zu tun hatten, bei uns über Nacht.

Während der Sommerferien, die wir diesmal wegen der Wahl zu Hause verbringen mußten, besuchte uns ein Parteimitglied, eine Dame aus München mit ihren beiden 12- und 14jährigen Töchtern. Sie lud ihre beiden Kinder bei uns ab und reiste weiter, um durch Reden und Diskussionen im Land Wählerstimmen zu werben. Ich durfte mit den beiden Mädchen in das größte Zimmer der Gästebaracke ziehen. Ich genoß es, mit ihnen Streiche auszuhecken, Pfadfinderlieder zu

---

*) (1899–1976). 1945 Gründungsmitglied der CDU. Heinemann war aus Protest gegen die Wiederbewaffnungspläne von Konrad Adenauer 1950 als Innenminister zurückgetreten, trat 1952 aus der CDU aus; 1951 Gründer der Notgemeinschaft für den Frieden in Europa; 1952 Mitbegründer der Gesamtdeutschen Volkspartei (GVP), Selbstauflösung der Partei 1957; ab 1957 Mitglied der SPD; 1957–1969 Mitglied des Bundestages, 1966–1969 Justizminister, 1969–1974 Bundespräsident.

grölen und vom fahrenden Auto meiner Mutter aus Flugblätter über die Straßen zu streuen, auf denen wir über Land und durch die Dörfer fuhren. Nun fühlte ich mich als Mitglied einer verschworenen Gemeinschaft. Nachts fuhren wir mit Mutter und Bruder über die Dörfer, klebten unsere Plakate auf Wände, an denen Werbung und Propaganda eigentlich verboten waren, und über Anschläge der konkurrierenden Parteien. Es war ja so spannend, mit den Erwachsenen etwas Verbotenes tun zu dürfen!

Unsere Plakate leuchteten weit. Sie waren viel bunter, drastischer und auffallender in Wort und Bild als die der anderen Parteien. Zum Beispiel das mit dem tödlich getroffenen, schreiend das Gewehr von sich werfenden, rückwärts sinkenden Soldaten und der Aufschrift, die so ähnlich lautete wie: „Nie wieder Krieg, stoppt die Wiederaufrüstung, wählt GVP!" Oder das Bild von dem bluttriefenden Beil auf dem rot verschmierten Hackblock mit dem Slogan: „Nur die allerdümmsten Kälber wählen ihre Metzger selber!"

Mein älterer Bruder hatte sich alle sechs Plakattypen als Raumschmuck über sein Bett gehängt.

Anfang September war dann die Wahl. Alles vibrierte vor Spannung. Meine Mutter sagte: „Wenn wir die fünf Prozent nicht schaffen, ist alles verloren, dann sehe ich schwarz für unsere Zukunft."

Die Erwachsenen saßen die ganze Nacht über am Radio und lauschten den Ergebnissen der Auszählung. Ich wollte dabeibleiben, aber ich hielt nicht durch. Ich schlief ein, und sie brachten mich ins Bett. Am nächsten Morgen erwachte ich früh, lief ins Zimmer meiner Eltern, weckte sie und fragte begierig nach dem Ergebnis.

„Kind, wir haben verloren, wir haben es nicht geschafft. Hätten sich alle so eingesetzt wie wir, wären wir sicher reingekommen in den Bundestag, aber die anderen haben sich zu wenig Mühe gegeben!"

Tatsächlich war in unserem Wahlkreis die höchste Stimmenzahl für die Partei erreicht worden. Hier hatte sie ihr Soll geschafft, woanders schien man die GVP überhaupt nicht zu kennen, so gering war das Ergebnis. Bundesweit hatte die Partei nur 1,2 Prozent der Stimmen erhalten.

„Und jetzt?" fragte ich besorgt.

„Jetzt wird man sich um die Wahl in den Landtag bemühen müssen, aber ohne uns!"

Die Eltern waren erschöpft und bitter enttäuscht. Sie sagten, daß sie der Partei keine Chance mehr gäben. Zwar seien Gustav Heinemann und Helene Wessel engagierte Politiker, aber an den deutschen „Kommißköppen" könne man eben nur zerschellen, die alten Nazis säßen längst wieder in den wichtigen Positionen und für die Zukunft sähen sie schwarz.

Es herrschte eine tödliche Atmosphäre in unserem Haus, die Wahlniederlage hatte allen den Schwung genommen. Ich war froh, in wenigen Tagen nach Bayern reisen zu dürfen. Ruth und Laura nähten eifrig Namensschildchen in meine Kleidung und Wäsche.

Meine Mutter fuhr mit mir in die Stadt zum Friseur. Die Affenschaukeln wurden abgeschnitten, ich erhielt die pflegeleichte Frisur, um die ich andere Kinder jahrelang beneidet hatte: kerzengerade Schnittlauchlocken, kurz unter dem Ohr ringsherum abgeschnitten, mit Seitenscheitel und Klämmerchen.

Die gefallenen Zöpfe wurden in Seidenpapier gepackt, und meine Mutter verstaute sie im Kleiderschrank mit den Worten: „Wenn du einmal groß bist, wird dir vielleicht das Paket in die Hände fallen, und wenn du dann deine Zöpfe siehst, erinnerst du dich sicher an die Zeit damals, als du ein kleines Mädchen warst und Affenschaukeln trugst."

Gekürzter Beitrag aus: „Schlüssel-Kinder", Reihe ZEITGUT, Band 6.

[Eldagsen bei Springe am Deister, Niedersachsen; 1949 –1956]

Siegfried Lührsen

Central-Lichtspiele

Auf den Grundmauern einer abgebrannten Scheune wurde 1949 in meinem Heimatort Eldagsen mit dem Bau eines Kinos begonnen. Die Mauern waren bei einem Großbrand erhalten geblieben, so daß nur noch die Giebel und der Dachstuhl errichtet werden mußten und natürlich der Innenausbau. Meine Familie wohnte im Nachbarhaus, das ebenso wie die Scheune zum „Paterhof" gehörte. Auf der Straße standen noch die Überreste der Landmaschinen und Ackerwagen, die Raub der Flammen geworden waren.

Viele Menschen des etwa 2 000 Einwohner zählenden Ortes arbeiteten damals in der Landwirtschaft noch mit Pferd und Wagen, Trecker und Dreschmaschinen waren selten. Die Firma „Schnelle" aus Springe verlieh Dreschmaschinen, die dann in den Wintermonaten von Hof zu Hof eingesetzt wurden. Gern schaute ich dem geschäftigen Treiben zu. Mit langen Transmissionsriemen wurden diese Kolosse von „Lanz-Bulldozern" angetrieben. Einige Bauern hatten auch eigene Maschinen, so wie der Paterhof und Onkel Freimann.

Mein Vater war Landarbeiter. Sein Arbeitslohn betrug zirka 200 DM im Monat plus ein Zentner Korn sowie ein Sack Zucker Deputat*) im Jahr. Davon lebte unsere sechsköpfige Familie. Aus den Zuckerrüben, die man auf den abgeernte-

*) Deputat: Eine jährliche Abgabe von Naturalien an die Landarbeiter

ten Feldern stoppeln konnte, haben wir in unserer Waschküche Sirup gekocht, hin und wieder wurde dort auch heimlich Schnaps gebrannt.

Für uns Kinder begann mit den Bautätigkeiten für das Kino eine aufregende Zeit. Aus den ein Meter dicken Mauern wurden Fenster gebrochen und neue Wände eingezogen, der Dachstuhl aufgesetzt und eingedeckt. Dabei fielen hin und wieder Dachlatten ab, aus denen wir Jungen uns Schwerter schnitzten.

Da saßen wir nun, schnitzten am Holz herum und verfolgten die Bauarbeiten. Langsam nahm das Gebäude Gestalt an. Die Mauern aus großen Bruchsteinen wurden verputzt, nur die Seite zur Gatze*), die zur Beeke**) führte, blieb unverputzt. Wo einst an der Vorderseite das aus Sandstein geschwungene Scheunentor stand, baute man einen rechteckigen Eingang, die Tür des Vorführraums und den Notausgang. Unten, in der Gatze, war die Fahrradwache. Als die Maurer fertig waren, kamen die Klempner, Tischler und Maler. Der Innenausbau ging zügig voran. Der Schmied setzte ein großes Gittertor vor die Eingangshalle.

Das Kino bestand aus der Eingangshalle mit der Kasse, einer großen Wandelhalle mit einer Verkaufstheke sowie Tischen und Stühlen. Eine Treppe führte zu den Toiletten im Keller. Im Zuschauerraum fanden etwa 100 Besucher Platz, die Sitze verliefen in einem Gefälle nach unten, so daß die Sicht zur Leinwand ungetrübt blieb. Am meisten freute ich mich darüber, daß es keine Stufen gab. So konnte ich mit meinem Dreirad, einem Rollstuhlersatz, überall hingelangen. Die Decke war vorwiegend mit Strohpreßplatten verkleidet, deshalb konnte der Schornsteinfeger den Boden nur über einen schmalen Gang betreten, sonst würde er einbrechen und in den Saal stürzen. Links und rechts neben dem Eingang waren Schaukästen mit Plakaten und Bildern für

---

*) und **) Ortsübliche Ausdrücke für Fußweg zwischen Gebäuden und Bach.

die Voranzeige angebracht worden. Im Foyer stand eine sechs Meter lange Vitrine. Sie war innen mit blauem Brokat ausgeschlagen und mit Waren der hiesigen Geschäfte drapiert. Riesige Filmposter füllten die gesamte Frontseite des Foyers aus. Ein schwerer Vorhang trennte den Zuschauerraum von den anderen Räumlichkeiten. Die Vorhänge hatte Frau Hakemeier, eine Schneiderin, die im alten Pastorenhaus in der Schulstraße wohnte, genäht.

Albert Litzen war der erste Besitzer des Kinos. Ihm gehörte auch das Kino im „Deutschen Haus“ in Elze. Mit seiner Familie wohnte er im hinteren Trakt des neuerrichteten Gebäudes. Wir hatten nun zwei Kinos in Eldagsen, das zweite, die „Lichtspiele“, befanden sich im Ratskeller. Als endlich die „Central-Lichtspiele“, so wurde das Kino genannt, eröffneten, durfte die gesamte Nachbarschaft die erste Vorstellung gratis besuchen.

Da ich zu dieser Zeit erst sieben Jahre alt war, durfte ich nur selten in eine Vorstellung gehen. Die Karte kostete für Kinder 20 Pfennige, oder war es gar nur ein Groschen?

Als ich das erste Mal eine Nachmittagsvorstellung besuchte, hatte mir Mutter außer dem Eintrittsgeld ein paar Pfennige mehr mitgegeben, davon kaufte ich mir Kaugummi, „Bubble Gums“. In den Packungen lagen Bilder von Schauspielern, die man sammeln konnte. Mein älterer Bruder Werner fuhr mich auf dem Dreirad bis an eine Sitzreihe ganz unten dicht vor der Leinwand heran. Wir meinten, dort am besten sehen zu können, außerdem waren das die billigsten Plätze. Ich setzte mich auf einen der Klappsitze, und das Dreirad wurde unten vor der Bühne abgestellt. Ich drehte mich um: Der Saal war bis auf den letzten Platz gefüllt. Das Licht erlosch, nur die Notbeleuchtung brannte. In diesem Moment hörte die Musik auf und der Vorhang öffnete sich. Erwartungsvoll schauten wir auf die weiße Leinwand!

Zuerst flimmerten Reklamebilder über die Leinwand, danach die „FOX TÖNENDE WOCHENSCHAU“ mit Filmberichten aus Politik, Sport und Kultur und der Sketch „Clever & Schussel“. Der Vorfilm „Swing-Musik“ aus Amerika folgte. Vor dem Hauptfilm erhellte noch einmal das Licht den Zuschauerraum, denn der Vorführer mußte die neue Filmrolle einlegen. Das passierte bei jedem Rollenwechsel. Welchen Film ich damals gesehen habe, weiß ich nicht mehr, aber ich kann mich noch gut daran erinnern, daß zum Schluß der Vorstellung immer das Lied „Auf Wiederseh'n“ mit Rudi Schurike erklang:

Weil wir uns so gut verstehen,
hab ich dich gar zu gern bei mir.
leider mußt du schon gehen,
ein Wort zum Abschied sag ich dir.
Auf Wiedersehn, auf Wiedersehn,
bleib nicht so lange fort,
denn ohne dich ist's halb so schön,
darauf hast du mein Wort.
Auf Wiedersehn, auf Wiedersehn,
das eine glaube mir:
nachher wird es nochmal so schön,
das Wiedersehn mit dir! ...

Es beeindruckte mich, wenn abends die Menschen ins Kino strömten, und wir vor der Haustür auf den Steinen saßen und alles beobachteten. Bei besonderen Filmen bildeten sich vor dem Eingang lange Schlangen. Manchmal wurden noch Stühle von uns geholt, weil die Plätze nicht ausreichten. Dafür durften meine Eltern hin und wieder umsonst einen Film ansehen. Täglich gab es zwei Nachmittags- und eine Abendvorstellung, Freitag- und Samstagabend außerdem eine Nachtvorstellung. Im Kino wurden nicht nur Filme gezeigt, hier fanden auch Varieté-, Märchen- und Theateraufführungen statt. Dazu wurde die Leinwand nach hinten gefahren, der so gewonnene Platz reichte für so eine Veranstaltung aus. Trotz der Schützenfeste oder Karnevalsfeiern

– das Haus war immer rappel-dicke-voll. Wenn ich abends nicht schlafen konnte, öffnete ich das Fenster und beobachtete das Treiben auf der Straße. Immer war etwas los. Hier trafen sich die Kinobesucher, meistens waren es Pärchen, die ins Kino oder hinunter zur Beeke an die Seufzer-Brücke gingen. Und wenn im Sommer die Türen offen standen, konnte ich den Filmton oder die Musik gut hören.

Als der Farbfilm eingeführt wurde, hatte ich arge Bedenken. Ich stellte mir vor, im „Buntfilm", wie er auch genannt wurde, sei alles bunt. Gesichter vielleicht grün, gelb, rot; Pflanzen, Tiere und Hintergründe in grellen Farben. Doch ich war überrascht, es war wunderschön! Ein Baum sah aus wie ein Baum und nicht so bunt wie ein Clown.

Jede Woche lief ein neues Programm. Man konnte gar nicht alles sehen. Wir Kinder standen immer vor dem Kino und warteten darauf, umsonst hineingelassen zu werden. Entscheidend war, wer an der Kasse Karten verkaufte und wer die Karten abriß. Dann huschten wir kurz vor dem Hauptfilm schnell hinein. Ich zog meist den kürzeren, weil ich mit meinem Gefährt nicht so schnell war. Ich konnte mir ein Leben ohne das Kino gar nicht mehr vorstellen!

Nach der Familie Litzen übernahm Alfred Meyer, dem das Kino im Ratskeller in Springe gehörte, unser Kino. Die Preise stiegen. Jetzt kostete der Eintritt für Erwachsene 1 DM, und Kinder mußten 50 Pfennige bezahlen. Andere Veranstaltungen fanden immer seltener statt. Einige Nachmittagsvorstellungen wurden ebenfalls eingestellt. Noch einmal erhöhte Kinobesitzer Meyer die Eintrittspreise. Kinder bezahlten nun 90 Pfennige, Erwachsene 2 DM. Abermals verkürzte er die Öffnungszeiten. Ännchen und Walter Rosellen zogen in die zum Kino gehörende Wohnung und führten die Verkaufstheke. Ihre Tochter Renate kümmerte sich um die Fahrradwache im Keller. Hier hielten wir Jungen uns oft bis 21 Uhr auf, draußen durften wir um diese Zeit nicht bleiben.

Der Besitzer wechselte erneut. Herr Dreyer aus dem Ratskeller hatte sein Kino geschlossen und die „Central-Lichtspiele" übernommen. Das Kino hieß jetzt „Film-Bühne". Die oberen zehn Reihen bekamen eine Polsterbestuhlung und die „CINEMA SCOPE", die Leinwand, nahm jetzt die gesamte Bühnenbreite ein. Die vorderen fünf Reihen wurden herausgerissen, so daß die billigen Plätze wegfielen, Tische und Stühle wurden aus der Wandelhalle entfernt und die Theke verkleinert. Drei Stufen und eine Tür trennten nun Wandelhalle und Zuschauerraum. Das war das Ende meines langjährigen Freizeitvergnügens. Wollte ich eine Vorstellung besuchen, mußte ich durch den Notausgang fahren oder mühevoll die Stufen heruntergetragen werden. Da hatte sich Herr Dreyer was Schönes einfallen lassen!

Ich war mittlerweile 14 Jahre alt geworden und saß noch immer auf dem Dreirad. Es war inzwischen zu klein für mich, aber es war mein einziges Fortbewegungsmittel. Meine langjährigen Freunde Klaus und Rolf schoben mich damit über Berg und Tal, im wahrsten Sinne des Wortes!

Obwohl ich im Nebenhaus wohnte, wurden meine Kinobesuche immer seltener und hörten schließlich ganz auf, nicht allein wegen der Umbauten. Mit der Zeit gab es immer weniger Vorstellungen, das Angebot wurde schlechter, es liefen nur alte Filme, kaum neue. Der Boom der Film-Theater war offensichtlich vorüber, das Fernsehen machte sich breit, und man saß jetzt lieber im bequemen Pantoffelkino!

Herr Wöhler aus Bad Münder war der letzte Pächter. Im Kinosaal wurde ein „Kaninchenkasten" eingebaut, den man Loge nannte, das gute Gestühl durch altes ersetzt. Renoviert wurde nur das Nötigste.

1985 wurde unser Kino endgültig geschlossen. Was wird meist aus solch einem Betrieb? – Eine Spielhalle!

Gekürzt aus: „Lebertran und Chewing Gum", Reihe ZEITGUT, Band 14.

[Hamburg-Horn;
1957–1960]

Ingo Becker-Kavan

Wie Elvis

Ob unser Klassenlehrer die Anbahnung selbst vorgenommen hatte oder ob andere mit- und nachgeholfen hatten, weiß ich nicht. Jedenfalls kam in der Untersekunda mit dem in der Nähe des Berliner Tores gelegenen Mädchengymnasium ein Tanzstundenkurs zustande. Offensichtlich hatte niemand den Schulnamen „Klosterschule“ mit den Schülerinnen in Verbindung gebracht. Die Tanzstunden sollten aus Kostengründen im Schulgebäude stattfinden, und was bot sich da mehr an als der Raum für Gemeinschaftskunde?

Im leergeräumten Klassenraum saßen sich in langen Stuhlreihen Jungen und Mädchen getrennt gegenüber. Die Musik kam von einem Plattenspieler, den der engagierte Tanzlehrer persönlich bediente. Fast weißhaarig mit Stirnglatze, bewegte er sich leichtfüßig über das Parkett, genauer über das Linoleum. Unser Lehrer hatte es sich nicht nehmen lassen, dieser Veranstaltung, der er offensichtlich erheblichen Unterhaltungswert zumaß, als Betrachter beizuwohnen.

Einige von uns Jungen erlernten tatsächlich bald den einen oder anderen Tanzschritt – vor, lang, links und Wechselschritt –, andere freilich nicht. Ich selbst war stets in Sorge, der Tanzlehrer könne mich als Demonstrationsobjekt auswählen. Gott sei Dank blieb ich verschont. Die Mädchen machten ihre Sache recht gut, wenigstens die meisten von

Abtanzball der Tanzstunde 1957. Etwas ungelenk und verlegen bewegen wir Jungen uns, nachdem wir der Größe nach auf die Mädchen verteilt wurden. Jedes hatte beim Empfang eine Rose bekommen. Die vierte von rechts ist meine spätere Ehefrau.

ihnen. Einige gaben sich recht flott, doch mir gefiel keine. So stapfte ich mehr schlecht als recht dem Ende der Tanzstunden entgegen, wobei ich versuchte, den wenig ermutigenden Rat meines sich offensichtlich gut amüsierenden Lehrers zu befolgen, mich nicht wie ein Stock auf der Tanzfläche zu bewegen. Beeindruckend war für mich, mit welch verbissenem Drang nach Vollständigkeit mancher Klassenkamerad den eben erlernten Rumba-Schritt in allen Facetten zu Ende tanzte, ohne sich von der Musik beirren zu lassen. Das war schon toll. Ein paarmal versuchte ich, während des Tanzens zwei, drei Sätze mit meiner Partnerin zu wechseln, was dem Takthalten stets wenig zuträglich war, bisweilen gar zu kleinen Karambolagen führte.

Der Abtanzball fand im festlichen Rahmen in einem Restaurant im Beisein der Eltern, Geschwister und Freundinnen, soweit vorhanden, statt. Wir bekamen etliche Tanzkarten, und ich weiß noch gut, wie schwer es mir fiel, diese einigermaßen zu füllen.

Zu dieser Zeit hatte sich für uns Halbwüchsige schon längst ein Wandel in der Unterhaltungsmusik vollzogen: weg von den Pferdehalfter-, Hawaii- und Försterhausschlagern und hin zu der „unmöglichen amerikanischen Musik".

Schon zu meiner Konfirmation im Jahre 1956 hatte ich mir unbegreiflicherweise, wie meine Eltern meinten, es aber dennoch zuließen, Schallplatten der Firma RCA von einem gewissen Elvis Presley schenken lassen: „Tutti Frutti", „Hound Dog", „Don't be cruel" und eine Reihe anderer Titel. Ich wurde ein regelrechter Elvis-Fan, kaufte mir, sobald meine Finanzen es zuließen, Single-Platten zum Preis von vier, später fünf Mark.

So wurde ich beim Abtanzball nicht müde, den Mädchen zu erklären, daß diese Musik hier für mich natürlich nichts sei, wobei ich es verständlicherweise unterließ einzugestehen, daß ich den Rock 'n' Roll auch noch nicht so recht tanzen konnte.

Zum äußeren Zeichen meiner Verbundenheit mit dem „King" ließ ich mir wie mein großes Vorbild bis zum oberen Ende des Ohrläppchens, von der häuslichen Obrigkeit gerade noch geduldet, Koteletten wachsen. Überhaupt war die Frisur ein heißes Thema unter uns Jungen. Natürlich schoben wir den an sich fälligen Haarschnitt immer – so weit es nur ging – hinaus, um mit möglichst langen Haaren zu imponieren und vielleicht auch ein wenig älter auszusehen. Besonders erfolgreich war darin keiner von uns.

Meine Bemühungen, zum gemeinsamen Abendessen in der Küche die zwischenzeitlich verräterisch gewachsene Haarpracht mit Frisiercreme der Marke „Brisk" zu bändigen, waren meist vergeblich. Ein kurzer Blick von Mutter reichte, um die gefürchtete Bemerkung zu veranlassen: „Die Loden müssen ab. Morgen gehst du zum Friseur!"

Da dieses Schicksal unausweichlich war, gab es für uns Jungen nur eines: einen Friseur zu finden, der an den Haaren keinen allzu nachhaltigen Kahlschlag verursachte. Nicht wie in der Kinderzeit, als mit der Haarschneidemaschine der gesamte Hinterkopf und auch die Seiten bis weit über die Ohren unbarmherzig von den Haaren befreit wurden.

Mit den Jahren hatten wir zum Façonschnitt wechseln dürfen, und den machte am besten der Friseurmeister August

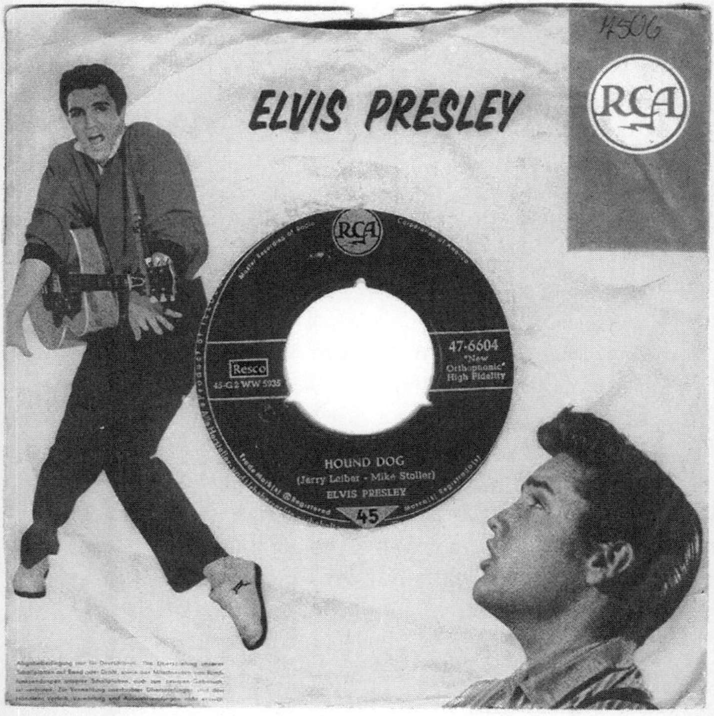

Als Elvis-Fan kaufte ich mir, sobald es meine Finanzen zuließen, Singles zum Preis von vier, später fünf Mark; so auch diese mit dem Titel „Hound Dog“. Ich besitze sie heute noch.

„Hausmusik" bei der Silvesterfeier 1958 in unserer Wohnung. Meine Freunde Horst und Gunther (erster und zweiter von links und ich hinter meinem Bruder Gero, träumten von einer eigenen Band. Gero spielte in den 60er Jahren in einer Beat-Band.

Engel. Er hatte seinen kleinen Frisiersalon in einem älteren, im Krieg beschädigten Mehrfamilienhaus an der Horner Landstraße. Draußen über der Tür hing, wie es sich für einen Friseur gehörte, der Messingteller als Zeichen der Zunft. Er war an einem Eisenstab befestigt und schwang im Wind. Nach Feierabend wurde er abgehängt.

Es dauerte nicht lange, und wir drei Brüder waren bei August Engel Stammkunden, besser gesagt, bei seinem Gesellen Rudolf, den wir besonders mochten. Leider verließ Rudolf ziemlich bald den Salon, wohl nicht zuletzt, weil dem Meister die Zahlung des Gesellenlohnes zuviel wurde. Lieber arbeitete er mit Lehrlingen, denen damals praktisch nur ein Taschengeld gezahlt wurde.

Ein Kinderhaarschnitt kostete im „Salon Engel" bis zur Konfirmation 75, danach 90 Pfennige. Zur Konfirmation gratulierte August Engel mit einer Glückwunschkarte ins Elternhaus und nahm uns sozusagen in die Welt seiner Erwachsenen auf. Jedenfalls bezahlten wir dann wie alle anderen den vollen Preis.

Ich ließ mir gerne vom Meister selbst die Haare schneiden, auch wenn bei ihm alles ein wenig länger dauerte. Er erzählte dabei Anekdoten aus seiner eigenen Lehrzeit irgendwo im Holsteinischen, davon, daß seinerzeit alles mit Handbetrieb gemacht wurde, da elektrische Geräte und Strom noch Luxus waren. Überhaupt seien morgens immer eine Reihe von Männer zum Rasieren erschienen, was heute kaum noch vorkomme. Mir gefielen die Geschichten, führten sie mir doch eine völlig unbekannte Welt vor Augen, auch wenn ich die meisten von ihnen mehrfach hörte. Irgendwie unterschieden sie sich dann doch immer.

Mitte der fünfziger Jahre, also zu Zeiten des frühen Elvis Presley, durfte ich meine Frisur mit dem braven Linksscheitel ändern. Ich ging zu August Engel und verkündete, fortan ohne Scheitel, mit längeren Haaren über den Ohren und in der Mitte Bürstenschnitt frisiert werden zu wollen.
Nachdem er den Schnitt zu meiner Zufriedenheit ausgeführt hatte, stand ich unentwegt vor dem Spiegel, um die Seitenhaare sorgsam nach hinten zu kämmen. Das war keine einfache Sache. Später wurden die Haare am Hinterkopf zusätzlich noch zusammengekämmt. Brav, aber dennoch auf der Höhe der Zeit, verpaßte August mir auch diese Variante, zu der ich mir die Koteletten wie Elvis wachsen ließ.

Eines Tages wurde das Haus, in dem sich der „Salon Engel“ befand, abgerissen. Doch gestattete man dem Meister, wenige Schritte von der Baustelle entfernt eine Holzbude zu errichten, um sein Geschäft weiter betreiben zu können. Wovon hätten er und seine Familie sonst auch leben sollen?

Gekürzter Beitrag aus: „Halbstark und tüchtig“, Reihe ZEITGUT, Band 17.

Bisher erschienen in der Reihe ZEITGUT

		Erscheinungsjahr
Band 1	Gebrannte Kinder, Kindheit 1939-1945	1998
Band 2	Nachkriegs-Kinder, Kindheit 1945-1950	1998
Band 3	Stöckchen-Hiebe, Kindheit 1914-1933	1998
Band 4	Pimpfe, Mädels & andere Kinder, Kindheit 1933-1939	1998
Band 5	Wir wollten leben, Jugend 1939-1945	1998
Band 6	Schlüssel-Kinder, Kindheit 1950-1960	1999
Band 7	Gebrannte Kinder. Zweiter Teil, Kindheit 1939-1945	1999
Band 8	Und weiter geht es doch, 1945-1950	1999
Band 9	Täglich Krieg, Deutschland 1939-1945	2000
Band 10	Hungern und hoffen, Jugend 1945-1950	2000
Band 11	Von hier nach drüben, Grenzgänge, Fluchten 1945-'61	2001
Band 12	Wir sollten Helden sein, Jugend 1939-1945	2001
Band 13	Heil Hitler, Herr Lehrer! Kindheit 1933-1939	2000
Band 14	Lebertran und Chewing Gum, Kindheit 1945-1950	2000
Band 15	Zwischen Kaiser und Hitler, Kindheit 1914-1933	2002
Band 16	Getäuscht und verraten, Jugend 1933-1939	2002
Band 17	Halbstark und tüchtig. Jugend 1950-1960	2002
Band 18	Deutschland – Wunderland, 1950-1960	2003
Band 19	Mauer-Passagen, Grenzgänge, Fluchten 1961-1989	2004

Aus Platzmangel verzichten wir im folgenden Verzeichnis der Verfasser auf die Angaben der vollständigen Buchtitel der Reihe ZEITGUT. Weitere Informationen zu den Bänden der Reihe Zeitgut finden Sie nach Seite 187 und im Internet unter www.zeitgut.com.

Verfasser *Seiten*

Arcucci, Monica, geb. Zapp *S. 163*
geb. 1942 in Lindlar, lebt in München, Bayern.
Beruf/Tätigkeiten: TV-Journalistin.

Becker-Kavan, Ingo *S. 175*
geb. 1941 in Posen, lebt in Hamburg.
Beruf/Tätigkeiten: Jurist.

Bickel, Marianne, geb. Maurer *S. 80*
geb. 1927 in Karlsruhe, lebt in Ettlingen, Baden-Württemberg.
Beruf/Tätigkeiten: technische Zeichnerin, im Ruhestand.

Biedekarken, Dieter *S. 107*
geb. 1929 in Leipzig, lebt in Neuharlingersiel, Niedersachsen.
Beruf/Tätigkeiten: Feuerwehrbeamter, Branddirektor im Ruhestand.

Blaudow, Willi F. *S. 39*
geb. 1926 in Damgarten, Mecklenburg-Vorpommern,
lebt in Petersberg, Hessen.
Beruf/Tätigkeiten: Maschinenbautechniker, Sachverständiger für Betriebssicherheit und Objektschutz, Kriminalbeamter, im Ruhestand.
Beiträge in ZEITGUT Band 3, 4, 8, 11, 12 und 15.

Engels, Hans *S. 118*
geb. 1942 in Köln, lebt in Kürten, Nordrhein-Westfalen.
Beruf/Tätigkeiten: Ausbildung als Elektriker; Studium der Pädagogik; seit 1966 Lehrer, Buchautor.
Beiträge in ZEITGUT Band 1, 2, 6, 14 und 17.

Eser, Bernhard *S. 94*

Friedrich, Hans Edmund *S. 51*
geb. 1923 in Hamburg,
lebt in Westergellersen, Niedersachsen.
Beruf/Tätigkeiten: bis 1997 Unternehmensberater und Dozent an Wirtschaftsakademien, im Ruhestand.
Beiträge in ZEITGUT Band 4, 5, 9, 11 und 15.

Gericke, Heimo *S. 74*
geb. 1924 in Hamburg, verstorben 1996,
lebte zuletzt in Norderstedt, Niedersachsen.
Beruf/Tätigkeiten: Journalist; Werbe- und PR-Fachmann.

Hardeland, Gretel, geb. Reinicke *S. 67*
geb. 1929 in Finsterwalde, Niederlausitz,
lebt in Schneverdingen, Niedersachsen.
Beruf/Tätigkeiten: bis 1957 Justizinspektorin, bis 1973 Fremdsprachenkorrespondentin, Beamtin (1974 bis 1991), Pensionärin.
Beiträge in ZEITGUT Band 4, 5, 10, 11, 12 und 18.

Haß, Ernst *S. 18*
geb. 1913 in Hamburg,
lebt in Hamburg.
Beruf/Tätigkeiten: Schiffbau-Techniker, im Ruhestand.
Beiträge dieses Autors in ZEITGUT Band 8, 9, 15 und 18.

Hünichen, Liese *S. 30*
geb. 1919 in Münster,
lebt in Norderstedt, Schleswig Holstein.
Beruf/Tätigkeiten: Sozialarbeiterin; Hausfrau; ehrenamtlich tätig als Abgeordnete, Schöffin, Mitarbeit in Vereinen und Verbänden; Seniorenbeirat.
Beiträge in ZEITGUT Band 4, 11, 15 und 16.

Kamm, Helga, geb. Heinrich *S. 125*
geb. 1943 in Sulzbach-Rosenberg,
lebt in Hahnbach im Landkreis Amberg-Sulzbach, Bayern.
Beruf/Tätigkeiten: Anzeigenaquisiteurin.

Korhammer, Eva *S. 132*
geb. 1932 in Frankfurt am Main, lebt in Hannover, Niedersachsen.
Beruf/Tätigkeiten: Verlagsbuchhändlerin; aktiv als Lektorin, Übersetzerin, Autorin.

Kubitza, Liselotte, geb. Knorr *S. 155*
geb. 1933 in Berlin, lebt in Berlin.
Beruf/Tätigkeiten: Sozialversicherungskauffrau, Referentin.

Kupko, Hildegard, geb. Doll *S. 35*
geb. 1920 in Kleinobringen, verstorben 2002,
lebte zuletzt in Bad Berka, Thüringen.
Beruf/Tätigkeiten: Lohnbuchhalterin, Sekretärin.

Lührsen, Siegfried *S. 163*
geb. 1942 in Eldagsen, lebt in Springe, Niedersachsen.
Beruf/Tätigkeiten: Heimarbeiter, Frührentner.

Mauel, Brigitte, geb. Schmücker *S. 145*
geb. 1941 in Düsseldorf,
lebt in Ratingen, Nordrhein-Westfalen.
Beruf/Tätigkeiten: Verkäuferin, seit 1991 Hausfrau.
Beiträge in ZEITGUT Band 7 und 14.

Mauel, Hans-Dieter *S. 152*
geb. 1938 in Düsseldorf, lebt in Ratingen, Nordrhein-Westfalen.
Beruf/Tätigkeiten: Versicherungsangestellter.

Nettersheim, Richard *S. 13*
geb. 1911 in Bedburg (Erftkreis), verstorben 1999,
lebte zuletzt in Gummersbach, Nordrhein-Westfalen.
Beruf/Tätigkeiten: Rektor.

Nobel, Theresia *S. 115*
geb. 1931 in Bremen, lebt in Bremen.
Beruf/Tätigkeiten: Gärtnerin (1947-1960); Studium (1960-1963); Sozialarbeiterin (1963-1990), in Ruhestand.
Beiträge in ZEITGUT Band 1, 5 und 10.

Östreich, Hans *S. 58*
geb. 1919 in Ostheim, Kreis Hanau,
lebt in Nidderau-Ostheim, Hessen.
Beruf/Tätigkeiten: Dekorateur, Angestellter bei der Gemeindeverwaltung, Standesbeamter und hauptamtlicher Bürgermeister von Ostheim, im Ruhestand.

Oldenettel, Johannes *S. 48*
geb. 1926 in Wiesedermeer, Kreis Wittmund, Ostfriesland,
lebt in Vechelde, Niedersachsen.
Beruf/Tätigkeiten: Realschullehrer, im Ruhestand.

Polthier, Dr. Heinrich *S. 148*
geb. 1934 in Berlin, lebt in Berlin.
Beruf/Tätigkeiten: Facharzt für innere Krankheiten, im Ruhestand.

Rieck, Hanna, geb. Radzig *S. 105*
geb. 1938 in Hirschberg, Schlesien,
lebt in Soest, Nordrhein-Westfalen.
Beruf/Tätigkeiten: Kinderkrankenschwester, Hausfrau.

Schäfer, Wilhelm *S. 45*
geb. 1920 in Pfaffenhofen-Weiler,
lebt in Obersulm-Willsbach, Baden-Württemberg.
Beruf/Tätigkeiten: Landwirt und Weingärtner, im Ruhestand.
Beiträge in ZEITGUT Band 3, 8 und 13.

Schmidt, Gabriele, geb. Hauk *S. 129*
geb. 1928 in Remscheid,
lebt in Göttingen, Niedersachsen, im Ruhestand..

Schoon, Gisela, geb. Wendt *S. 64*
geb. 1926 in Konikow, Kreis Köslin, Pommern,
lebt in Wiesmoor, Ostfriesland, Niedersachsen.
Beruf/Tätigkeiten: Lehrerin, Konrektorin am Schulzentrum Wiesmoor, im Ruhestand.
Beiträge in ZEITGUT Band 4, 5, 13 und 15.

Steudel, Evelyn, geb. Zobel *S. 90*
geb. 1934 in Berlin, lebt in Hitzacker, Niedersachsen.
Beruf/Tätigkeiten: Sonderschullehrerin, im Ruhestand.
Beiträge in ZEITGUT Band 1, 2, 7, 14, 18 und 19.

Stümpke, Siegbert *S. 136*
geb. 1932 in Berlin-Kreuzberg,
lebt in Freilassing, Bayern.
Beruf/Tätigkeiten: bis 1970 Glasmacher, danach Delphintrainer und Tierpfleger, im Ruhestand.

Stutzer, Volker *S. 136*
geb. 1927 in Ficht, Gemeinde Untergriesbach bei Passau,
lebt in Untergriesbach, Bayern.
Beruf/Tätigkeiten: Fotograf, Schriftsteller, Archivar, Redakteur, im Ruhestand.
Beiträge in ZEITGUT Band 4 und 5.

Voigtländer, Dorothea F., geb. Küppers *S. 142, 160*
geb. 1943 in Bonn, lebt in Rheinbreitbach bei Bonn, Rheinland-Pfalz.
Beruf/Tätigkeiten: Redakteurin und Autorin.
Beiträge in ZEITGUT Band 6, 7, 14 und 19.

Wagner, Dr. Hans *S. 21*
geb. 1921 in Bütow, Pommern, verstorben 2003,
lebte zuletzt in Weinbach-Fürfurt, Hessen.
Beruf/Tätigkeiten: Frauenarzt.
Beiträge in ZEITGUT Band 3, 9 und 13.

Wagner, Erika, geb. Heider *S. 121*
geb. 1942 in Türmitz, Oberschlesien,
lebt in Herzberg, Niedersachsen.
Beruf/Tätigkeiten: Kaufmännische Angestellte; jetzt Frührentnerin.

Reihe Zeitgut 1933 bis 1945

Getäuscht und verraten
Jugend in Deutschland
1933–1939
38 Geschichten und Berichte
320 Seiten, viele Abbildungen,
Ortsregister, Chronologie,
gebunden.
Zeitgut Band 16
ISBN 3-933336-07-4

Gebrannte Kinder
Zweiter Teil.
Kindheit in Deutschland
1939-1945
36 Geschichten und Berichte
334 Seiten, viele Abbildungen,
Ortsregister, Chronologie,
gebunden. Zeitgut Band 7
ISBN 3-933336-26-2

Gebrannte Kinder
Kindheit in Deutschland
1939–1945
61 Geschichten und Berichte von
Zeitzeugen
368 Seiten, viele Abbildungen,
Ortsregister, Chronologie
gebunden. Zeitgut Band 1
ISBN 3-933336-25-2

Täglich Krieg
Deutschland 1939–1945
41 Geschichten und Berichte von
erwachsenen Zeitzeugen
362 Seiten, viele Abbildungen,
Ortsregister, Chronologie,
gebunden.
Zeitgut Band 9
ISBN 3-933336-34-1

2/5

Jeder Band 18,90 Euro Weitere Informationen unter www.zeitgut.com

Reihe Zeitgut 1945 bis 1960

Und weiter geht es doch
Deutschland 1945–1950
45 Geschichten und Berichte von erwachsenen Zeitzeugen
361 Seiten, viele Abbildungen, Ortsregister, Chronologie, gebunden.
Zeitgut Band 8
ISBN 3-933336-10-4

Schlüssel-Kinder
Kindheit in Deutschland 1950–1960
46 Geschichten und Berichte von Zeitzeugen
336 Seiten, viele Abbildungen, Ortsregister, Klappenbroschur.
Zeitgut Band 6
ISBN 3-933336-05-8

Hungern und hoffen
Jugend in Deutschland 1945–1950
48 Geschichten und Berichte
361 Seiten, viele Abbildungen, Ortsregister, Chronologie, Klappenbroschur.
Zeitgut Band 10
ISBN 3-933336-06-6

Halbstark und tüchtig
Jugend in Deutschland 1950-1960
48 Geschichten und Berichte
320 Seiten mit vielen Abbildungen, Ortsregister, Chronologie, gebunden.
Zeitgut Band 17
ISBN 3-933336-17-1

4/5

Jeder Band 18,90 Euro   Weitere Informationen unter www.zeitgut.com

Reihe Zeitgut 1944 bis 1989

Von hier nach drüben
Grenzgänge, Fluchten und Reisen 1945–1961
38 Geschichten und Berichte
332 Seiten, viele Abbildungen,
Ortsregister, Chronologie,
Klappenbroschur.
Zeitgut Band 11.
ISBN 3-933336-13-9

Deutschland - Wunderland
Erinnerungen 1950–1960
44 Geschichten und Berichte von Zeitzeugen
368 Seiten, viele Abbildungen,
Ortsregister, Chronologie
gebunden. Zeitgut Band 18
ISBN 3-933336-18-X

Mauer-Passagen
Grenzgänge, Fluchten und Reisen 1961-1989
46 Geschichten und Berichte
368 Seiten, viele Abbildungen,
Ortsregister, Chronologie,
gebunden. Zeitgut Band 19
ISBN 3-933336-19-8

Nichts führt zurück
Flucht und Vertreibung 1944–1948
ZEITGUT Auswahl
208 Seiten, viele Abbildungen,
13 x 21 cm, gebunden.
ISBN 3-933336-22-8
14,80 Euro

Jeder Band 18,90 Euro

Weitere Informationen unter www.zeitgut.com